FAIM ! FAIM ! FAIM !

RECETTES, TEXTES, STYLISME & GRAPHISME
MARION CHIBRARD

PHOTOGRAPHIES
VIRGINIE GARNIER

MANGO
éditions

SUCRE de canne COMPLET
JIVARA choco-lait
SÉSAME noir
Maldon SMOKED SEA SALT
Sage

SOMMAIRE

LE CERCLE VERTUEUX DE LA GOURMANDISE 5

PHILOSOPHIE 7

MA CUISINE, MES USTENSILES FAVORIS 8

MON GARDE-MANGER, LE SEC 10

MON GARDE-MANGER, TOUT LE RESTE 12

APÉROS 15

« Crunchy » guacamole 16
Les feuilletés saucisse / sauge / savora de Catherine 19
Crackers maison « FOUS-Y-TOUT » 20
Houmous aux haricots blancs, ail rôti, citron confit & *flatbreads* 23
Focus entrées, apéros 25
Feta marinée ! 2 salles — 2 ambiances 29
Rillettes aux 2 saumons, pastis & herbes 31
3 façons de twister un chèvre frais 33
Ciabatta maison aux olives, ultrasimple 33

ENTRÉES 35

Passion œufs mayo 36
Focus sur les herbes ! 38
Deux poireaux vinaigrette 40
Tomates, nectarines, burrata & dukkah 43
Soupe potimarron, coco et gremola-thaïe 44
Endives, poires, noisettes & comté 47
Minestrone de ma maman, gremolata basilic & noix 49
Salade agrumes, avocat, menthe, feta & pistaches caramélisées 51
Asperges, beurre noisette à l'orange, croûtons, feta & herbes 52
BURRATA PARTY ! 55

PLATS 59

CLASSIQUES TWISTÉS 61

Endives au jambon, à la fève tonka 63
Bolo épicée au bœuf et à la saucisse, vin blanc et lait 64
Le dimanche et l'odeur de saucisse 67
La saucisse, c'est la vie ! 68
Risotto à la butternut, gremolata sauge, citron, noisettes & chips de jambon cru 70
Passion gremolatas ! 72
Bœuf bourguignon de mon papa & polenta aux agrumes 75
Poulet rôti et entièrement pané, potatoes aux épices 76
Un poulet = des restes ! 78

PASSION PASTA 81

Pâtes aux tomates cerises confites & miettes citronnées 82
Pesto très vert au chou toscan, miettes citron/noisettes & straciatella 85
Pici maison, sauce tomate au beurre et à l'oignon 89
Comme une fausse bolo, champignons, noix & miso 90
Gnocchettis au seigle, crème au citron confit, broccolini, chorizo & amandes 95
Pasta limone, miettes menthe & pignons 96
Focus pestos ! 98
Pasta à la vodka, aubergines confites, harissa & pignons 101
Les gnocchis bicolores de Julia, fèves, courgettes, petits pois & beurre de sauge 102

EN SOLO OU RAPIDO ! 105

Shakshuka aux pois chiches, topping addictif aux épices 107
Œufs à la turque, yaourt à l'ail & beurre aux épices et à l'orange 108
Courgettes crues, haricots blancs, menthe, citron & parmesan 111
Pancakes épinards et feta, mesclun & gremolata 112
Pickles, miettes & beurres ! 114
« À table en 10 minutes » mouillettes XXL familiales & œufs à la coque 117
La panure c'est la vie ! 5 variantes adorées des petits et des grands 118

L'ÉTÉ : SALADES, ETC. 121

Salade de pâtes aux courgettes crues, basilic, noisettes & parmesan 123
Vinaigrettes ! 124
Aubergines marinées et panées au sésame, boulgour vert, feta, pickles & grenade 126
Salade de pommes de terre aux herbes, radis & pickles, sans mayonnaise ! 131
Mes sandwichs au BBQ, *love story* d'été 132

CUISINE DU MONDE 135

Boulettes de viande aux raisins et aux épices, sauce tomate confite et relevée, feta et herbes fraîches 137
Tarte aux tomates, ricotta fouettée au zaatar 141
Tacos au saumon tandoori avec Sanjee, chutney coco & coriandre 142
Chili con carne, bacon & toppings 145
Curry multilégumes, pois chiches & lait de coco 146

LE SUCRÉ 149

L'HEURE DU DESSERT 151

La tarte de maman, poires & chocolat 153
Crème caramel au laurier et à l'orange 155
Panna cotta à la fleur d'oranger & rhubarbe rôtie 157
Crumble tatin, noix de pécan, crème crue et fève tonka 158
Tiramisu aux zestes d'oranges, comme un Pim's® 161
Tarte rustique aux pommes, noisettes, sésame & caramel au miso 162

LE GOÛTER, C'EST SACRÉ ! 165

Biscottis extrachocolatés aux amandes, aux noisettes et à la fleur de sel fumée 167
Les crêpes de mon mec, moitié-rhum, moitié lait... 169
Cookies à la pâte de sésame noir & chocolat, nos préférés *avec Sarah !* 170
Chaussons poire & cardamome, caramel aux épices 175
Carrot cake à l'orange confite, granola, glaçage au beurre noisette 177
Cake au citron & Earl Grey 179
Brownie extrachoco et caramel maison au beurre de cacahuètes 182

LE DIMANCHE 185

Pudding de chia au lait de coco, fraises rôties & citron vert 187
Granola addictif au thé chaï 189
Roulés briochés à la cannelle et glaçage corsé au café 191
Brioche perdue au lait de coco, agrumes vanillés 195

INDEX 199

DES ADRESSES PARMI D'AUTRES 202

MERCI ! 205

PIZZA PIZZA PIZZA

— LE CERCLE VERTUEUX DE LA GOURMANDISE

J'aime manger. J'ADORE MANGER.
Ma passion pour la cuisine est venue toute seule, grâce à mes parents et à mes grands-parents. Avec un ADN lyonnais et jurassien, c'était inévitable, vu que j'ai grandi entourée de choses délicieuses. Ce que je préfère, c'est quand tout le monde se retrouve autour d'une table. **J'adore cuisiner, justement parce que j'adore manger.** Cuisiner pour les gens, ou que les gens cuisinent pour moi, cuisiner à plusieurs, ça me suffit. Ma grand-mère disait que le silence à table est signe de succès dans l'assiette et je repense à ça à chaque fois que je cuisine.

Faire le marché en famille ou entre amis, au quotidien ou pendant les vacances, découvrir de nouveaux produits, changer d'avis car on voit une superbe salade verte que l'on n'avait pas prévu d'acheter, se laisser porter, travailler de beaux produits et découper des ingrédients avec un bon couteau (*c'est mon lexomil*)... **On sait qu'on va se régaler.**

J'ai déjà commencé à transmettre cette philosophie quand j'ai créé mon blog **The Flying Flour** *(La Farine volante, www.theflyingflour.com)*, il y a une dizaine d'années. Des recettes, des voyages, des adresses... Je l'ai créé juste après avoir acheté mon tout premier robot KitchenAid® et c'est de là que vient le nom. À peine reçu, je l'ai déballé et je me suis lancée frénétiquement dans une recette de cookies, *sans lire le mode d'emploi bien sûr.* Au moment où j'ai ajouté la farine dans le bol du robot qui tournait à pleine vitesse, j'ai repeint la cuisine de mes parents.

La légende dit que l'on retrouve encore des traces de farine dans des endroits insoupçonnés...

Ce que j'ai toujours dit dans ce blog, c'est que la cuisine, c'est variable : **on s'adapte.** Se régaler en cuisinant des plats pendant des heures et y prendre du plaisir, oui. Mais on peut aussi se régaler d'une salade de tomates toute simple. ***Zéro cuisine, plaisir maxi.***

La qualité n'est pas QUE dans le temps passé, mais dans les saveurs associées et les produits choisis. **La simplicité a du bon.** On tente, on rate, mieux vaut en rire et dégainer une coquillettes/jambon du tonnerre ensuite. La vraie vie, c'est se tromper entre le sucre et le sel, louper des cuissons, mais aussi réussir une super-combinaison de saveurs, simplement en osant.

Le secret, *c'est de twister des basiques* et de s'amuser avec ce que l'on a sous la main.

La vraie vie, c'est tous les jours. Le secret, c'est de twister des basiques et de s'amuser avec ce que l'on a sous la main — clairement, on ne va pas faire des courses tous les jours. Se créer un petit répertoire de nos recettes fétiches, on se les approprie et on les transmet ensuite. Un vrai cercle vertueux : c'est en se régalant qu'on régale les autres. **Ce livre découle naturellement de tout ça.**

Des recettes simples, bonnes, faciles, rapides et aussi certaines plus longues, plus complexes, franchement, rien d'impossible ! Auteure et styliste culinaire, je suis aussi graphiste de formation. **J'ai tenté de croiser ces domaines très différents pour proposer un livre authentique, gourmand et abordable. J'espère que ces recettes trouveront leur place sur vos tables !**

CHOU RAVE
PRIMEUR
3€ /botte
Persil
Cébettes
2€/pièce

PHILOSOPHIE —

Mes conseils pour faire en sorte que cuisiner et faire ses courses reste un plaisir, en faisant *d'une pierre deux courses*, dès que possible.

EN FAISANT LES COURSES

Privilégier les produits de saison, c'est faire des économies et avoir le vrai goût des produits

Impossible de faire mieux niveau goût que des produits de saison, comme une bonne asperge avec de la mayo : OUI ! J'attends les pêches et nectarines avec impatience, le goût de la figue d'été, la transition avec l'automne avec les dernières tomates quand elles cohabitent avec les premières courges. Au printemps, les petits pois, la rhubarbe... On a *(encore)* quatre saisons, les fraises en décembre... c'est NON.

Acheter en vrac, pratique, moins polluant et aussi décoratif en même temps

Dans ma cuisine, les placards cohabitent avec des étagères ouvertes. Non seulement ça me permet d'évaluer mes stocks *(tiens, je n'ai bientôt plus de noisettes)* mais aussi d'acheter des produits sans emballages superflus et de les utiliser plus facilement. Je les vois, je les utilise. Dans les placards, je place tous les produits dont les emballages sont moins jolis à voir, pas pratiques à transvaser, ou qui doivent être protégés de la lumière *(exemples : levure, thé, alcools, vinaigres, café).*

Privilégier les marchés aux supermarchés

Aller au marché : des prix plus intéressants et des produits plus qualitatifs. C'est mon grand plaisir en vacances, voir les marchés. Dès que l'on passe par Rennes, je vais au marché des Lices, tout donne envie et les repas se construisent facilement quand on est face à de beaux produits. Entre choisir un légume en plein air ou sous un néon de supermarché, le choix est vite fait. Bon... Peut-être aussi que j'aime bien faire mes courses avec une galette complète en main. *Paris a du retard à ce niveau-là !*

Choisir les produits les plus appétissants, les utiliser en entier, éviter le gâchis

Quand j'achète une botte de carottes jeunes avec les fanes, je les nettoie bien et je les fais rôtir en entier avec la peau. Quand la peau est fine, tout se mange, un peu comme les pommes de terre nouvelles. Les fanes des carottes et des radis peuvent devenir de super-pestos, certaines épluchures (quand elles sont bio) avec le vert des poireaux et une carcasse de poulet permettent de préparer un bouillon que l'on peut congeler.

À LA MAISON

Apprendre à lire une recette & à improviser

L'habitude vient avec la pratique. En adaptant, on peut aussi découvrir une nouvelle recette. On adapte avec ce que l'on a, ce que l'on aime et surtout ce qui est de saison. Rendez-vous à la recette du curry de pois chiches de ce livre pour voir les variations tout au long de l'année par exemple.

Chérir les « restes » = un repas sans effort

Savoir valoriser les restes, c'est un peu comme une épreuve de Top Chef. Retroussez vos manches et voyez ça comme un petit challenge culinaire. Du poisson cuit froid, du fromage frais et des herbes, on peut réaliser une rillette très fraîche, gourmande et toujours plus saine que celles du commerce. Avec des légumes vapeur ou un reste de purée, je fais des pancakes salés en ajoutant un œuf, de la farine et des herbes, ma fille adore... Tous les restes sont bons à transformer, en faisant bien sûr attention aux délais de conservation.

Doubler certaines parties d'une recette, pour gagner du temps sur d'autres

Quand je cuisine des gnocchis de potimarron par exemple, je fais toujours rôtir au four un peu plus de potimarron que la quantité indiquée dans la recette. Avec les restes, je prépare des ***pancakes salés*** (ma fille adore !), ***une purée*** pour aller avec de la viande grillée. Optimisation ! Faites cuire une plus grande quantité de graines ou de légumineuses à transformer en galettes, salades. Doublez aussi les sauces, les marinades, elles se conservent bien !

La pasta, mon dépannage ultime

Bien choisir la *pasta* — On préférera une *pasta* texturée, d'une couleur la plus blanche possible et avec un temps de cuisson assez long. On oublie les marques classiques de supermarché, on choisit De Cecco, Rummo, La Molisana, Italians Do It Better...

Bien saler l'eau — Et je parle seulement de sel. Il va donner du goût aux pâtes et l'eau de cuisson qui servira à lier la *pasta* et la sauce sera bien assaisonnée.

Une cuisson *al dente* — Adieu les pâtes molles !

La *mantecatura* — Avant que les pâtes ne soient *al dente*, on les transfère dans la sauce avec un peu d'eau de cuisson. À feu vif et grâce à l'amidon, la magie opère et une belle sauce bien onctueuse se forme. Grâce à cette étape, elle s'imprègne parfaitement de la sauce. D'où l'importance de la texture de la *pasta* choisie au départ.

MA CUISINE — MES USTENSILES FAVORIS

MA MICROPLANE 1

Toujours à portée de main, je m'en sers tous les jours pour zester un citron ou râper de l'ail en purée rapidement. C'est une super idée de cadeau à offrir aux gens qui cuisinent, car on devient très vite accro à son efficacité et au fait qu'elle se lave facilement.

MA MANDOLINE 2

L'accessoire qui effraye vraiment beaucoup de gens ! Mais une fois domptée et surtout en l'utilisant avec précaution, c'est vraiment un accessoire merveilleux que je ne peux que recommander. Je l'utilise tous les jours — de l'ail, des oignons rouges, des lamelles de carottes mandolinés dans une salade, des courgettes bien fines pour une tarte…

ADHÉSIF PAPIER + MARQUEUR 3

Pour étiqueter tout et n'importe quoi, des restes, des bocaux et fermer des sachets entamés. Il est tout terrain, et surtout il se décolle facilement. Rapport qualité/usage/prix imbattable.

DES SPATULES 4

De toutes tailles, de toutes formes, j'en achète souvent et un peu partout. Ces deux-là sont super, souples, légères, résistantes à la chaleur, elles ne coûtent rien et viennent de chez Søstrene Grene.

COUTEAUX & ÉPLUCHEURS 5

De toutes sortes et pour tous les rôles. Mon couteau japonais, dont je me sers tous les jours. Mes Opinel®, certains neufs et d'autres qui résistent encore, mes Pallares Solsona®, qui coupent merveilleusement bien et qui sont élégants à table…

Un couteau bien aiguisé, c'est le secret d'une cuisine efficace et surtout agréable. Les rares fois où je me suis coupée, c'était avec un couteau émoussé… C'est bien plus dangereux. Mon éplucheur large, parfait pour de gros légumes/fruits. Quant au petit ustensile rouge, c'est un cadeau rapporté du Vietnam par mes parents, acheté un euro : il pèle, râpe et coupe les légumes de façon ondulée, ma fille adore l'utiliser.

BENCH SCRAPER 6

Traduction élégante impossible ! :)
C'est un mot qui signifie littéralement *« racler le plan de travail »*. Il sert à couper les pâtons comme du pain, de la brioche, je m'en sers aussi pour rassembler et déplacer des légumes de la planche où ils ont été coupés jusqu'à la poêle, ou pour rassembler la farine éparpillée sur le plan de travail, après avoir pétri un pain par exemple.

PIPETTES EN PLASTIQUE 7

J'en ai toujours cinq ou six. Je les achète en boutiques spécialisées ou sur Internet, de différentes tailles. Parfaites pour doser les huiles, les sauces sur des assiettes, ou pour avoir plusieurs huiles et vinaigres à portée de main sans pour autant avoir toutes les grandes bouteilles sorties sur le plan de travail. Gain de place non négligeable !

PORTE-CUILLÈRE 8

Cadeau façonné à la main de mon amie Camille, c'est l'ustensile de mon plan de travail sur lequel on me pose le plus de questions. Tellement pratique pour poser sa cuillère sale pendant que l'on cuisine. Un ustensile évident quand on y pense.

OUVRE-BOCAL VINTAGE 9

Bien contente d'avoir ce petit ustensile sous la main. Chacun ses techniques, eau chaude, chiffon, tape sous le bocal, pointe du couteau, moi je ne jure que par celui-là, car je tiens trop à mes couteaux pour leur casser la pointe. Déniché en brocante, il est vintage à souhait.

PINCE ET TIRE-BOUCHON 10

Parce que c'est toujours l'heure de l'apéro quelque part dans le monde, le tire-bouchon fait évidemment partie de mes indispensables. Tout comme la petite pince pour récupérer des pépins partis dans une salade sans y mettre les mains, ou pour avoir plus de précisions sur un joli dressage.

Mes bonnes adresses et conseils pour bien s'équiper, astucieusement et pour tous les budgets

Dehillerin
Temple des ustensiles traditionnels de cuisine et de pâtisserie.
18-20 Rue Coquillière, 75001 Paris

A.Simon, La Bovida
Matériel de cuisine, on y trouve aussi de la vaisselle et des épices. À visiter pour voir lequel vous convient le mieux.
Les 2 boutiques sont situées dans la rue Montmartre, 75001 Paris

Søstrene Grene
Plusieurs boutiques à Paris et ailleurs, les achats sont possibles en ligne.
www.sostrenegrene.com

Action
Chaîne de magasins hard-discount, mais on y trouve de bons basiques. Râpes, saladiers, boîtes, planches... Plusieurs boutiques dans le monde.

Les marchés
Certains ont des stands quincaillerie très bien fournis. Spatules, couteaux, cuillères en bois, outils originaux...

Etsy / Vinted / Leboncoin
Des sites un peu fourre-tout, mais on peut y trouver des ustensiles de cuisine neufs et vintages, ainsi que des livres.

Les brocantes & vide-greniers
L'assurance de trouvailles uniques, parfois en très bon état (couteaux, poêles...) à des prix imbattables !

MON GARDE-MANGER — LE SEC

HUILES D'OLIVES VIERGES EXTRA

Une plus basique pour la cuisson, et une de qualité pour assaisonner et finir certains plats, sans la cuire.

SELS & POIVRES

Grosse collection dans ce domaine. Gros sel, sel fin, cristaux de sel de Maldon, sel de l'Himalaya. J'alterne en fonction des recettes, mais j'aime changer.

Les cristaux de Maldon sont superbes et permettent de finir joliment une recette. J'adore ceux qui sont fumés, pour terminer une salade de tomates par exemple ; ça transforme une recette !

Pour les poivres, j'en ai toujours trois en rotation : le poivre noir fumé (de chez Nomie), c'est une tuerie et ça pimpe des œufs au plat ou une pasta en deux secondes ; le poivre noir classique, et toujours un poivre un peu plus fruité comme du poivre de Timut. J'adore cuisiner une *pasta cacio e pepe* et le poivre est une composante très importante. Impossible de trouver du poivre déjà moulu chez moi !

TOMATES & CONCENTRÉS

En conserve, en concentré, en bouteille, grandes, petites. J'ai toujours du concentré de tomates au frais et une mini-conserve de dépannage dans les placards, avec de multiples conserves de tomates entières de qualité (Mutti, ou De Cecco — ils font aussi des conserves de tomates cerise dans leur jus, géniales). Les conserves, ça me permet d'avoir accès à des tomates de qualité toute l'année pour mes recettes.

FRUITS SECS

J'adore le sucré-salé dans la cuisine. Des raisins dans des boulettes de viande, des abricots secs dans un pain maison, des figues séchées avec de la viande mijotée ou dans des cookies... Ils se gardent aussi très bien et j'en ai toujours trois ou quatre sortes en rotation dans mes bocaux.

FRUITS À COQUES

La texture ! Le goût ! Des noisettes grillées dans une salade de lentilles, des pignons toastés dans un pesto, quelques noix de cajou grillées pour finir un curry et j'en passe. Interchangeables dans les pestos, il faut tester pour découvrir de nouvelles combinaisons qui marchent. J'en torréfie des quantités plus importantes que pour une seule recette (10 minutes environ, au four à 170 °C, th.5-6) et je les garde à proximité ensuite pour les mettre dans d'autres plats, elles se conservent bien et sont en rotation fréquente.

RIZ & GRAINES

Du boulgour, de la semoule, différents riz comme du riz complet (celui qui cuit vite, pas celui qui cuit en 45 minutes), du riz arborio pour risotto... En accompagnement chaud, ou froid comme base de salades complètes, j'en cuis toujours un peu plus.

ÉPICES

Mon fournisseur de confiance et avant tout de goût, c'est **Nomie**. J'adore les sélections de Marie-Lou et Charles, les fondateurs, et en parfaite *addict*, je pars souvent avec quelques épices en vacances.

Pour ça, leurs sachets sont supers, tout comme leurs sélections en mini-bocaux en verre. Franchement, le cadeau idéal pour ses ami·e·s gourmand·e·s/gourmets, je recommande **Nomie** les yeux fermés !

CONSERVES PRÊTES À L'EMPLOI

Pois chiches, haricots blancs, haricots rouges et même récemment lentilles, j'ai toujours 1 001 conserves de ce genre dans mon placard. Égouttez, agrémentez et saucez et voilà une salade ou un plat en deux temps, trois mouvements. Le dépannage ultime, le méga-raccourci quand le temps presse. J'adore aussi faire tremper les légumineuses, les faire cuire et les cuisiner à partir de zéro, mais parfois, **LA FLEMME.**

TAHINI

En gros pot DIRECT !
Je l'achète dans mon épicerie turque pas loin de la maison, il coûte bien évidemment trois fois moins cher que dans les enseignes bio ou classiques, et parfois je ne comprends que le mot *« tahin »* sur l'étiquette... Une bonne base pour des sauces et des recettes rapides !

HUILES

Sésame, noix, noisette... J'en parle ici dans *« garde-manger sec »*, mais selon la saison et de la fréquence à laquelle je vais les utiliser, j'en stocke aussi parfois au frais pour éviter qu'elles ne rancissent trop rapidement.

SUCRE(S)

Ma vie a changé quand j'ai découvert toutes les variétés de sucres et leur impact dans les recettes. Je ne jure que par le sucre de canne complet non raffiné. J'avais découvert ça chez Marks & Spencer, le *« light brown sugar »* et vraiment, sa texture sableuse change radicalement la texture des cookies. J'ai aussi toujours du sucre blanc, de la cassonade et aussi du sucre de coco (délicieux sur des fraises!)

PÂTES & SAUCES

Ce n'est pas un stock, mais une collection ! :) J'ai toujours de nombreuses formes de *pasta* diverses et variées en stock. Je reste fidèle à de nombreuses marques.

À chaque sauce sa *pasta* et à chaque *pasta* sa sauce, c'est important d'avoir le choix, surtout que j'en prépare entre 2 et 4 fois par semaine. La pâte sèche dépanne bien, et quand j'ai le temps, je fais des pâtes fraîches quand je reçois du monde par exemple. J'utilise aussi des sauces toutes prêtes mais seulement celles de qualité comme celles de la marque **Italians Do It Better**. Une sensation de *fait-maison* que j'adore les jours de flemme ou quand je n'ai pas le temps !

italians do it better
Penne Rigate
500g
DE CECCO
dal 1886
Rigatoni n°24
Lenta Essiccazione
DE CECCO
dal 1886
Rigatoni n°24
Lenta Essiccazione
italians do it better
ARRABBIATA
tomates fraîches & piment
I POMODORI
DE CECCO
POMODORINI
100% Grano Italiano
Dal 1848
RISPETTIAMO LA TRADIZIONE
Lenta essiccazione, fino a 60 ore
a bassa temperatura di 48° C e trafilata a bronzo
PASTA DI GRAGNANO I.G.P.
500g
PRODUCT OF ITALY
italians do it better
ARRABBIATA
tomates fraîches & piment
I POMODORI
DE CECCO
POMODORINI
DE CECCO
dal 1886
Integrale
Orecchiette n°91
Lenta Essiccazione
500 g
DE CECCO
dal 1886
Integrale
Orecchiette n°91
Lenta Essiccazione
500 g
DE CECCO
Linguine n°7
DE CECCO
Spaghetti n°12
DE CECCO
Linguine n°7
RUMMO
MAESTRI PASTAI
IN BENEVENTO DAL 1846
Lenta Lavorazione
ECCEZIONALE TENUTA ALLA COTTURA
FUSILLI Nº 48
500g
italians do it better
ARRABBIATA
tomates fraîches & piment
italians do it better
ARRABBIATA
tomates fraîches & piment

Les fromages de chèvres artisanaux, une passion

Les vrais cornichons, pour en faire des pickles !

Une ferme du Perche — tout est dans le détail

LES HERBES FRAÎCHES

C'est ce qui me vient en premier à l'esprit. Je dois bien utiliser trois à cinq bottes d'herbes variées par semaine. Entières et crues quand elles sont bien fraîches, et dès qu'elles ont quelques jours (en fonction de la variété), je les transforme en sauce verte à mettre un peu partout. Du petit-déjeuner au dîner, sur des œufs, des salades, des viandes, des poissons, des légumes, du riz, des pâtes. En sauce verte bien fraîche, ou en pesto gourmand, les herbes, je ne peux pas m'en passer.

MISO & SAUCE SOJA

Les petits condiments asiatiques qui font voyager. Dans du salé ou du sucré *(pommes miso, bonjour !)*, c'est un périple gustatif pour les papilles.

J'ai découvert le monde merveilleux du miso seulement récemment et c'est un ingrédient très intéressant! *Affaire à suivre !*

BEURRE

Un peu bretonne quelque part dans mon ADN, j'ai d'abord le réflexe beurre salé, mais — *et j'ai malgré tout du mal à l'écrire* — j'ai toujours du beurre doux au frigo qui me sert pour certaines recettes de bases en sucré et en salé, pour lesquelles c'est mieux de contrôler le sel au fur et à mesure. Maintenant que je suis avec un Breton, c'est le format 500 g à chaque fois, pas facile de trouver un beurrier adapté :)

PIMENT !

J'ai une pâte de piment fumée, increvable et délicieuse. On en met tellement peu qu'elle dure longtemps ! Elle vient d'un petit primeur à Marx-Dormoy (écrivez-moi pour avoir l'adresse!). Elle parfume incroyablement une ratatouille ou une sauce tomate mais elle arrache ! J'alterne avec de la harissa, que j'adore utiliser en touches dans des sauces ou dans des marinades, et même des vinaigrettes, ça réveille !

AGRUMES/CITRON CONFIT

J'ai absolument TOUJOURS des agrumes sous la main. En saison, c'est carrément un étage entier du frigo qui est envahi. Hors saison, j'ai au moins des citrons jaunes, des citrons verts. Et toute l'année, j'ai un pot de citrons confits au frigo. Je pioche dedans et j'en mets même dans des recettes qui n'en appellent pas forcément. C'est devenu un ingrédient que j'utilise presque sans réfléchir et ça ensoleille l'hiver !

GINGEMBRE, AIL, ÉCHALOTES

Oignons rouges, jaunes, échalotes, ail, la base de tellement de bonnes recettes. Ail frais ou énormes échalions (aussi appelés *« échalotes cuisses-de-poulet »*, meilleur nom) délicieux rôtis longuement au four avec des aromates, les cébettes, des oignons nouveaux... Je les stocke sous l'évier à l'ombre et sinon au frais dans le bac à légumes en été *(il fait trop chaud chez moi).* Ils sont en rotation constante !

MON GARDE-MANGER — TOUT LE RESTE !

NOS *HOT SAUCES*

Il fallait que je leur dédie un paragraphe spécial. Avec mon mec, on adore les sauces piquantes. On a récemment découvert le travail très précis et très gourmand des sauces **Maison Martin** et on a toujours deux-trois flacons entamés en rotation.

On aime aussi en rapporter de nos voyages et se laisser aussi surprendre par les sauces aux supers parfums de **Matshi** *(The Social Food), qui* sont toujours très étonnantes et justes en goût et celles de Joseph Simony qui a lancé ses sauces lactofermentées (**UFO**) ! Un bol de légumes rôtis, un œuf au plat, des herbes fraîches et quelques gouttes de *hot sauce* et c'est parfait.

MOUTARDE

« Il n'y a que Maille qui m'aille » ou presque ! Je trouve que leurs moutardes sont très savoureuses et leur boutique à Madeleine regorge de petites trouvailles aux goûts originaux. C'est une bonne idée de cadeau pour des ami·e·s gourmets et ça change des fleurs, du vin, ou des bières !

J'ai toujours de la moutarde classique, de la moutarde en grains et souvent une variante un peu sympa. J'ai adoré leur version aneth & citron vert. Ces petites moutardes aromatisées sont de super-bases de vinaigrettes, de quoi *twister* n'importe quelle salade et n'importe quelle viande grillée toute simple.

FROMAGES

Née dans le Jura, il y a **TOUJOURS** du comté dans mon frigo. Il n'est jamais seul bien sûr. Souvent accompagné de son pote italien, le parmesan ou le pecorino, indispensable(s) pour cuisiner la plus basique et délicieuse des *pasta*.

En fromages frais, j'ai toujours sous la main un peu de feta et en pleine saison chaude, de la mozza, car qu'est-ce qui ne va pas avec la mozza ? Je dois avouer que mon cœur balance entre la feta et la mozza... Ça tombe bien, pas besoin de choisir !

OLIVES

J'ai grandi dans une famille de mangeurs d'olives et j'ai toujours aimé ça. Noires (Kalamata, Nyons), vertes (Castelvetrano, les grosses olives vertes italiennes), seules ou dans des salades, c'est quelque chose de simple à avoir sous la main.

À table chez mes parents, les olives étaient présentes aussi naturellement que le sel et le poivre quand on dresse la table. J'ai un souvenir des olives noires avec le céleri-rave de mon père et les carottes râpées de ma mère. À l'apéro, je sers des olives marinées et aromatisées dans de l'huile d'olive tiède, avec des zestes d'agrumes, des épices. À servir sur un bloc de feta avec un peu de pain croustillant, c'est délicieux et adaptable à l'infini.

ŒUFS

Le dépannage par excellence. Si on a un œuf, on a un repas. Jamais sans œufs, *jamais sans eux :)*

Parmi nos préférées : les sauces de Maison Martin, Matshi *(The Social Food)* et UFO *(Joseph Simony)*

APÉROS

« CRUNCHY » GUACAMOLE

J'aime bien préparer le guacamole de cette façon, visuellement, c'est appétissant et gustativement, ça explose en bouche.

3 beaux avocats mûrs
1 gros citron vert ou 2 petits
5 à 6 cébettes entières, en fonction de leur taille
1 petit oignon rouge, ou la moitié d'1 gros
½ ou 1 petite botte de coriandre, lavée et séchée
2 à 3 piments jalapeños, ou 1 piment vert
Du mélange d'épices « L'avocat » de Nomie Épices
Ou un mélange d'épices avec par exemple du paprika doux, du cumin, des graines de coriandre, ½ cuillère à café de chaque environ
Sel, poivre du moulin
Des chips tortillas pour servir

Préparation — Commencez toujours par tous les autres ingrédients pour finir par les avocats pour éviter qu'ils ne noircissent dès le début de la recette.

Sur une planche et à l'aide d'un couteau (parfaitement aiguisé bien sûr), détaillez l'oignon rouge en petits dés, de même avec le piment vert ou les jalapeños et ciselez les cébettes finement. La coriandre aura le droit au même traitement, feuilles et tiges comprises, car la tige donnera une texture bien croquante au guacamole. Mettez tout cela dans un bol.

Coupez les avocats en deux, enlevez les noyaux et la peau, et détaillez-les en dés de taille moyenne. Ajoutez l'avocat aux autres ingrédients et ajoutez 2 à 3 cuillères à café du mélange d'épices de Nomie, ainsi que le jus d'un citron vert pour commencer. Mélangez, goûtez, rectifiez l'assaisonnement en sel, en épices et en jus de citron vert, puis servez rapidement avec les chips.

NOTE ZÉRO GÂCHIS — Filmez-les restes avec du film alimentaire en le plaquant au contact du guacamole pour empêcher au maximum l'oxydation.

Pour changer de la version *apéro*, le reste de guacamole sera délicieux sur une tartine de pain ou dans une tortilla mœlleuse, avec des œufs brouillés, de la feta et de sauce piquante pour un petit déjeuner qui vous fera voyager.

VARIANTES — Pas de coriandre, moins de piment, échalotes à la place de l'oignon rouge, adaptez-le. Vous pouvez ajouter quelques tomates cerises coupées finement ou du poivron rouge en petits dés pour apporter de la couleur et du croquant.

Pour 3 à 4 personnes environ, avec d'autres éléments à côté pour l'apéro | **Préparation, temps total** 15 à 20 min

LES FEUILLETÉS — SAUCISSE / SAUGE / SAVORA DE CATHERINE

On connaît tous la version classique feuilleté/knack, mais cette recette est la version adulte, qui rend tout aussi accro. Pâte feuilletée + chair à saucisse, évidemment, je dis oui. Merci à toi, Catherine Moreau (@tartinemorteau) de m'avoir fait découvrir cette recette et de partager avec moi la passion de la saucisse !

2 pâtes feuilletées toutes prêtes

400-500 g de chair à saucisse

1 œuf

Une dizaine de belles feuilles de sauge ou plusieurs petites

De la moutarde Savora®
(ou de la moutarde classique ou en grains)

De la noix muscade entière

Quelques tours de moulin à poivre

Sésame noir ou graines de nigelle pour décorer

Préparation — Pour faire 8 feuilletés — qui seront costauds — découpez chaque pâte feuilletée en quatre. Pour en faire 16, recoupez chaque morceau en deux. Sur chaque morceau de pâte feuilletée, étalez un peu de moutarde Savora®, puis quelques feuilles de sauge. Détaillez la chair à saucisse pour en mettre sur chaque feuilleté, râpez un peu de noix muscade sur la saucisse, faites quelques tours de moulin à poivre, puis refermez les feuilletés comme bon vous semble. Peu importe leurs têtes, ils seront délicieux.

Cuisson — Préchauffez le four à 200 °C (th. 6-7). Battez l'œuf dans un petit bol et dorez chaque feuilleté à l'aide d'un pinceau de cuisine. Parsemez avec du sésame, blond ou noir, ou des graines de nigelle pour décorer. Faites un petit trou dans chaque feuilleté avec la pointe d'un couteau bien affûté pour éviter que les feuilletés gonflent et explosent.

Enfournez une dizaine de minutes pour les petits feuilletés et plutôt 15 minutes pour les grands. Surveillez la cuisson et prolongez 2 minutes par 2 minutes jusqu'à obtenir le degré de dorure désiré. Servez avec une belle salade verte bien assaisonnée et/ou un bon bol de soupe maison !

Pour 8 feuilletés (ou 16 petits) | **Préparation** 15 min | **Cuisson** 10-15 min | **Total** 30 min environ

CRACKERS MAISON « FOUS-Y-TOUT »

GRAINES, HERBES, FROMAGES, ÉPICES EN POUDRE OU ENTIÈRES

« FOUS-Y-TOUT »

J'ai toujours entendu cette expression par mes grands-mères et mes parents au sujet de nombreuses recettes car ce sont les recettes faciles à adapter avec ce que l'on a sous la main.

Rapides et parfumés, on ne revient plus jamais aux crackers de supermarchés. J'ai un peu adapté la recette du délicieux blog d'Edda (*Un déjeuner de soleil*), avec des variantes pour les aromatiser.

Pour 1 fournée de crackers

120 à 140 g d'un mélange de graines ou de fruits secs *(courge, lin, tournesol, chia, pavot, sésame, mais aussi noisettes concassées ou amandes...)*

Quelques herbes fraîches ou sèches *(romarin, thym, origan, sauge, marjolaine...)*

200 g de farine au choix *(l'épeautre donne du goût, ou un mélange des farines du placard, ça permet de faire du ménage !)*

110 ml d'eau

80 ml d'huile d'olive

Quelques tours de moulin à poivre, des flocons de piment et un peu de fleur de sel

Pour 4 à 6 personnes, à l'apéro | **Préparation** 15 min | **Repos *(facultatif)*** 15 à 30 min | **Cuisson** 20 à 25 min

Préparation — Dans un saladier, mélangez tous les ingrédients afin de rendre la pâte homogène. J'aime bien la laisser reposer un peu, car elle paraît parfois liquide au début, mais les graines vont se gorger d'eau et la pâte sera parfois plus facile à travailler au bout de 30 minutes.

Si la texture paraît trop liquide, ajoutez de la farine, 1 cuillère à soupe à la fois, attention à ne pas trop en rajouter, car on va étaler cette pâte entre 2 feuilles de papier cuisson, ce processus permet de dompter les pâtes les plus rebelles.

Cuisson — Préchauffez le four à 180 °C (th. 6). Étalez la pâte entre deux feuilles de papier cuisson, jusqu'à obtenir une épaisseur de 3 à 5 mm environ. Retirez la feuille du dessus, et avec un grand couteau ou une roulette à pizza *(tous les prétextes sont bons pour utiliser la roulette !)*, prédécoupez les futures formes de crackers, même grossièrement. Ajoutez une petite pincée de fleur de sel, déplacez la feuille sur une plaque allant au four et enfournez pour 20 minutes environ.

Surveillez et prolongez la cuisson de 5 minutes à chaque fois jusqu'à ce que les crackers soient dorés. Laissez refroidir avant de détailler les crackers. Ils se conservent parfaitement jusqu'à 2 semaines dans un contenant hermétique.

NOTE ZÉRO GÂCHIS — Si, par le plus grand des hasards, il restait des crackers non dévorés et oubliés dans une boîte, ils sont peut-être moins croquants à ce stade. Mixez-les grossièrement et toastez-les à la poêle dans un peu d'huile d'olive. C'est un twist gourmand sur une salade de tomates, ou un fromage de chèvre frais avec un filet d'huile d'olive.

VARIANTES — On peut aussi ajouter à cette recette du fromage râpé ou des épices, comme du curcuma, du paprika fumé, du cumin en grains ou des graines de fenouil… Inventez et testez des variantes en fonction de ce que vous avez sous la main !

PETIT PLUS —— J'ai ajouté un reste de gremolata sur les *flatbreads*. À étaler sur les pains chauds quand ils sortent de la poêle, c'est addictif !

— HOUMOUS AUX HARICOTS BLANCS, AIL RÔTI, CITRON CONFIT & FLATBREADS

Une délicieuse variante qui change du houmous de pois chiches classique. Le tester c'est l'adopter.

Pour 1 bol | **Préparation** 15 min

Pour le houmous

350 g minimum de haricots blancs (conserve), rincés, égouttés
3 gousses d'ail rôti confites*
1 citron confit (30 à 35 g d'écorce et pas la chair)
½ cuillère à café de paprika fumé Nomie
50 ml d'eau chaude
30 ml de jus de citron
50 ml d'huile d'olive
Sel & poivre du moulin *(goûtez avant, car le citron confit est déjà salé!)*

Pour le dressage

Quelques pignons de pin grillés et quelques herbes fraîches
Un peu de paprika fumé et un filet d'huile d'olive

Préparation — Dans un verre doseur assez large ou dans un mixeur, déposez et mixez tous les ingrédients sauf l'eau chaude, que vous ajouterez ensuite. Quand le houmous commence à être relativement lisse, ajoutez l'eau chaude *(une cuillère à soupe à la fois)* pour ajuster la texture. Goûtez, rectifiez l'assaisonnement en sel, poivre, et même en citron selon l'intensité désirée.

Service — Étalez le houmous joliment dans un bol et avec une cuillère, donnez un peu de relief. Versez un petit filet d'huile d'olive, quelques pincées de paprika fumé, quelques pignons grillés et quelques herbes fraîches ciselées. Servez avec les petits *flatbreads*, du pain grillé ou quelques gressins.

SOS AIL RÔTI ! — Enveloppez une tête d'ail dans une feuille de papier d'aluminium avec juste un filet d'huile d'olive et une pincée de sel. Enfournez pour 45 à 60 minutes dans un four à 200 °C (th. 6-7), et attendez le refroidissement avant de la manipuler. L'ail rôti est moins fort que l'ail cru, il est crémeux, confit et caramélisé,

VARIANTES — On peut adapter cette recette de houmous à volonté. Avec des pois chiches, sans ail rôti, sans citron confit. On peut ajouter des herbes pendant que l'on mixe le houmous pour lui donner une jolie couleur en plus d'une touche de fraîcheur.

Pour environ 10 petits *flatbreads*

- **Préparation** 15 min
- **Repos** 1 heure (ou la veille)
- **Cuisson** 3 à 5 min
- **Total** 1 heure 15 (en faisant autre chose en même temps)

Pour les *flatbreads, petits pains ultrasimples*

300 ml d'eau chaude
500 g de farine
1 sachet de levure boulangère sèche
30 ml d'huile d'olive
2 cuillères à café de sel fin et quelques tours de moulin à poivre
Des éléments pour les aromatiser : cumin, curcuma, origan, paprika fumé, choisissez 2 épices maximum et utilisez ½ cuillère à café de chaque.

Préparation — Dans un saladier ou dans le bol d'un robot type KitchenAid®, mélangez tous les ingrédients jusqu'à ce que cela forme une pâte homogène. Pour préparer deux saveurs différentes, divisez la pâte nature dans 2 saladiers et incorporez les éléments désirés dans chaque. Laissez reposer 1 heure à température ambiante, jusqu'à ce que la pâte ait gonflé. Même si la pâte n'a pas eu le temps de beaucoup lever, ils seront très bons. On peut faire la pâte la veille et la laisser au frais pendant la nuit, ou s'y prendre le matin pour le soir.

Faites chauffer une poêle assez grande sur feu moyen, avec un petit filet d'huile d'olive étalé uniformément avec du papier absorbant, pour juste graisser la poêle très légèrement. On peut aussi utiliser du beurre ou du beurre de coco.

Cuisson — Détaillez le pâton en morceaux de la taille que vous voulez. Applatissez-les avec la main sur le plan de travail, ou à l'aide d'un rouleau à pâtisserie, puis déposez-les dans la poêle bien chaude, en plusieurs fois. Quand des bulles se forment, vérifiez que ça commence à dorer en dessous, puis retournez-les. Laissez cuire encore quelques minutes, puis empilez-les sur une assiette ou un plat de service. Servez-les encore tièdes !

IMPRO — Cette base de pâte se prête à plein de variations. On peut ajouter du pesto dans la pâte, du fromage, des tomates confites, des herbes, des graines (chia, lin, sésame...). Cette pâte peut également servir à bricoler des naans au fromage, mais pour une recette authentique, rien ne vaut la recette de Sanjee ♥ sur son blog **Bollywood Kitchen**, le blog de référence de la cuisine indienne !

GALLIA
PARIS 1890
SANS CONCESSION
SESSION IPA

FOCUS ENTRÉES APÉROS

J'organise toujours l'apéro en fonction de ce qui est prévu ensuite. MAIS, l'apéro peut aussi ÊTRE le dîner… *Une pierre, deux coups* et moins de vaisselle !

Quelques astuces pour composer et organiser son apéro *relativement* rapidement, avec une variété d'éléments et en comptant sur ce que vos invités se proposent d'apporter !

L'APÉRO CLASSIQUE —

UNE COMPOSANTE **FRAÎCHEUR**

Crudités en tout genre, selon les saisons. J'adore le chou-rave, ce petit légume qui est toujours boudé sur les étals car personne ne le connaît vraiment. **Ce que je prépare souvent :** *des carottes, des morceaux de concombre, des branches de céleri, du fenouil, des endives blanches ou rouges, des lamelles de poivrons…*

C'est important de varier les découpes, bâtonnets de carottes, mais rondelles de concombres, fines tranches de radis-pastèque à la mandoline, radis roses entiers, etc. C'est la variété visuelle et la fraîcheur qui vont donner envie de piocher dedans.

+ UNE COMPOSANTE **CROUSTILLANTE**

Gressins, croûtons, pain grillé, bretzels, faits maison ou du commerce, c'est souvent cette partie que l'on peut déléguer aux invités, on est rarement déçu et souvent agréablement surpris. Et si rien de tout cela n'a été anticipé, **rien de tel qu'une bonne baguette croustillante.**

+ UNE OU DEUX COMPOSANTE(S) **CRÉMEUSE(S)**

Pour agrémenter ces éléments, je prévois souvent 1 tartinade à base de fromage blanc et 1 houmous que j'improvise en fonction de ce que j'ai. Les bases au fromage blanc sont légères et s'accordent avec n'importe quoi. Quant aux houmous, on peut en faire avec des pois chiches, avec des lentilles, avec des haricots rouges et des haricots blancs… J'ai toujours des conserves, du tahini et du citron. Avec un petit mixeur, c'est prêt rapidement et ça n'a rien à voir avec les houmous du commerce. **Bon point : on peut tout préparer à l'avance en plus !**

L'APÉRO PLUS IMPORTANT —

UNE COMPOSANTE **FRAÎCHEUR**
+ UNE COMPOSANTE **CROUSTILLANTE**
+ UNE OU DEUX COMPOSANTE(S) **CRÉMEUSE(S)**

+ UNE OU DEUX COMPOSANTE(S) **CHARCUTERIE**

Est-ce qu'on peut vraiment dire non à un bon saucisson ? Vous avez 2 heures. La charcuterie de qualité et bien sourcée, c'est un régal. Les jours de marché ou dans une épicerie, rien ne vaut une bonne tranche de pâté en croûte, de la rillette, de la chiffonnade de mortadelle italienne… Sans oublier le fameux combo melon/jambon de Parme, qui sauvera **TOUS** les apéros estivaux. **Simple, efficace, délicieux.**

L'APÉRO DÎNATOIRE —

UNE COMPOSANTE **FRAÎCHEUR**
+ UNE COMPOSANTE **CROUSTILLANTE**
+ UNE OU DEUX COMPOSANTE(S) **CRÉMEUSE(S)**
+ UNE OU DEUX COMPOSANTE(S) **CHARCUTERIE**

+ UNE OU DEUX COMPOSANTE(S) CHAUDE(S)

Pour trancher avec toutes ces petites choses préparables à l'avance, donc pour la plupart froides ou à température ambiante, j'aime bien prévoir quelque chose à cuire juste avant ou au cours de l'apéro. Il suffit de choisir une recette rapide, et pourquoi pas une recette à faire avec quelques invités également, c'est convivial et cela permet que personne ne soit isolé en cuisine. **Exemples :** *un pain à l'ail maison, des feuilletés saucisse, une quiche, une tarte rapide aux poireaux avec une pâte feuilletée du commerce etc.*

+ UNE COMPOSANTE SALADE, SALADE COMPOSÉE

Pas besoin d'être à table de façon hyper formelle pour savourer une bonne salade verte bien assaisonnée. Elle vient calmer le flot de l'apéro en marquant une pause verte bien appréciée.

Coupez grossièrement les plus grandes feuilles de salade et saucez la salade dans le saladier pour faciliter le service dans des **assiettes à dessert** *(qui prennent moins de place).*

On peut aussi prévoir une petite salade de pâtes bien fraîche si la saison le permet ou quelque chose de plus classique comme des carottes râpées huile d'olive/citron ou en variante marocaine avec raisins secs, cannelle et fleur d'oranger, un céleri rémoulade, ou une salade d'endives poires, comté, noisettes, un taboulé maison *(un délice quand c'est bien fait !).*

+ UNE COMPOSANTE FROMAAAAAAGE

Ai-je besoin d'en dire plus ? **Le fromage, c'est la vie.** Et surtout, c'est l'assurance d'une partie de l'apéro déjà toute prête. Détour obligatoire chez moi par **La Pantinoise**, notre fromagerie de Pantin, qui propose toujours une excellente sélection de fromages de saison, mais aussi de beurres, de fromages blancs, de crème crue, de petits snacks en plus pour l'apéro (pâte de fruits, crackers, etc.). Et en plus, ils font **CAVISTE**, que demande le peuple ?!

Le plateau de fromages — *pendant ou à la fin de l'apéro dînatoire* — c'est une valeur sûre et un gain de temps non négligeable. Je prends toujours un fromage à pâte cuite, toujours du comté quelque part et un fromage plus frais comme un chèvre. Mais si vous êtes nombreux, faites-vous plaisir. Les restes de fromages se transforment parfaitement les jours d'après et qui peut dire non à des restes aussi *cheesy* ?

ET POURQUOI PAS,
UNE BURRATA PARTY !!!

Pour découvrir de nouvelles saveurs originales à accorder avec des burratas crémeuses et du pain grillé. **C'est une bonne idée pour déléguer : chaque invité peut apporter une burrata et vous vous occupez des garnitures prévues pour chaque.**

C'est un concept pratique car plein d'éléments peuvent être préparés à l'avance et assemblés au dernier moment. Vos invités seront surpris de la meilleure des façons.

Rendez-vous au chapitre dédié, p. 54.

LES ENTRÉES —

Est-ce que je fais une entrée ou un dessert ?
Est-ce que j'ai le temps de faire les deux ?
Qu'est-ce que je préfère *faire* et qu'est-ce que je peux *déléguer* ?

Entrée maison simple + plat maison + dessert maison ou acheté quelque part

Entrée maison simple + plat maison + plateau de fromages + des fruits ou dessert simple

Pas d'entrée, mais petit apéro léger + plat maison + dessert maison ou acheté quelque part

Pas d'entrée, mais petit apéro léger + plat maison + plateau de fromages + des fruits ou dessert simple

Évidemment, si on veut préparer des choses en amont, on prévoit d'ajouter les sauces ou les éléments croustillants des entrées à la dernière minute pour ne pas que tout ramollisse avant la dégustation. J'aime beaucoup prévoir des recettes que je peux préparer et stocker en kit au frais, comme :

— des œufs mayonnaise un peu pimpés, faire cuire les œufs et préparer les mayonnaises et assembler au dernier moment
— des poireaux vinaigrette,
— des tomates-mozza-pêches, la salade d'endives de ce livre,
— une soupe, idéale à faire la veille, à garnir ensuite avec des petits croûtons
— des classiques twistés comme : des carottes râpées, du céleri-rave à la mayonnaise avec un truc en plus, une salade de chèvre chaud avec un peu de miel épicé par-dessus ;
— crevettes/avocat/vinaigrette au curry et au ketchup mon souvenir d'enfance, ou crevettes, mâche, avocat, pamplemousse **— tartare de saumon à la mangue et aux herbes fraîches etc.**

Ajustez les proportions et les recettes choisies afin que le repas soit équilibré tout du long. Évitez le cumul de recettes comme des feuilletés au fromage avant une raclette, ou seulement des crudités avant une grande salade composée.

L'important c'est le choix des recettes et l'attention aux petits détails. Le principe de ce livre : des choses simples peuvent être complètement transformées grâce à un petit ingrédient en plus auquel on ne s'attend pas !

100% RÉGALADE

FETA MARINÉE ! 2 SALLES — 2 AMBIANCES

Tellement facile et tellement adaptable, la feta marinée se prépare en 2 temps 3 mouvements, et permet d'agrémenter apéros mais aussi salades, pâtes, riz et même des viandes grillées...

ZESTES D'ORANGES & GRAINES DE FENOUIL

1 bocal en verre de taille moyenne
1 bloc de feta de qualité
1 belle orange bio
1 belle cuillère à soupe de graines de fenouil
De l'huile d'olive de qualité
Quelques tours de moulin à poivre

Pour 1 bocal | **Préparation** 10 min

Préparation — Coupez la feta en cubes et disposez-la dans le bocal prévu à cet effet. Avec un éplucheur, prélevez le zeste de l'orange en larges bandes (juste le zeste, avec le moins de peau blanche possible), versez un peu d'huile d'olive (environ 3-4 cm) dans un petit récipient, ajoutez les zestes d'orange et réservez.

Dans une poêle à sec, sur feu moyen, toastez les graines de fenouil et débarrassez-les encore chaudes dans l'huile d'olive. Grâce à la chaleur, elles vont infuser l'huile. Quand l'huile n'est plus du tout chaude (30 minutes environ) versez-la sur la feta dans le bocal, et s'il en manque, couvrez avec un peu d'huile d'olive classique. Ajoutez quelques tours de moulin à poivre, fermez et retournez le bocal plusieurs fois — *sans secouer dans tous les sens bien sûr.*

HERBES FRAÎCHES AU CHOIX AIL & PIMENT

1 bocal en verre de taille moyenne
1 bloc de feta de qualité
1 belle gousse d'ail coupée en deux (ou 2 moyennes)
1 piment oiseau, ou un petit piment vert
1 branche de romarin
Quelques feuilles de sauge, un peu d'origan ou de thym frais
De l'huile d'olive de qualité
Quelques tours de moulin à poivre

Pour 1 bocal | **Préparation** 10 min

Préparation — Coupez la feta en cubes, puis disposez-la dans le bocal prévu. Dans une petite casserole, faites chauffer à feu très doux un peu d'huile d'olive et laissez infuser les herbes choisies pour cette recette, avec l'ail jusqu'à ce que l'huile soit refroidie (30 minutes environ), versez le tout sur les cubes de feta et glissez le piment rouge dans le bocal.

Les ingrédients doivent être recouverts d'huile et s'il en manque, couvrez avec un peu d'huile d'olive en plus. Ajoutez quelques tours de moulin à poivre, fermez et retournez le bocal plusieurs fois, toujours sans secouer, sinon la feta va faire des miettes dans l'huile.

NOTE ZÉRO GÂCHIS — Une fois que la feta a été dégustée, surtout ne jetez pas l'huile aromatisée. Elle est délicieuse et pourra servir à faire cuire des œufs brouillés un matin, ou à saisir une viande, faire revenir des légumes poêlés et même être la base parfaite d'une délicieuse vinaigrette parfumée. On peut aussi utiliser cette huile pour faire des pâtes à tartes rustiques, des crackers, toutes les recettes qui pourraient faire appel à de l'huile. *Attention à celle au piment, plus le piment infuse longtemps, plus l'huile sera relevée.*

VARIANTES — On peut varier les plaisirs avec ce que l'on a sous la main. D'autres herbes fraîches comme de la menthe, du basilic, de la coriandre, mais aussi des zestes de citron, pourquoi pas du citron confit, des baies roses. On peut aussi ajouter des olives dans les bocaux de feta marinée et aussi des tomates séchées...

RILLETTES AUX 2 SAUMONS, PASTIS & HERBES —

Le goût du poisson se marie bien avec l'aneth, l'anis, alors naturellement cette association du saumon et du pastis fonctionne bien.

Pour les rillettes

450 g de saumon frais

100 à 130 g de saumon fumé de qualité

1 citron bio

2 à 3 tiges de cébettes entières

½ botte de ciboulette

100 g de yaourt à la grecque ou de fromage frais (type Saint-Morêt®), ou un mélange des deux

3 cuillères à soupe de pastis *(ou + si affinités !)*

3 cuillères à soupe d'huile d'olive

Sel, poivre du moulin

VARIANTES — Variez les herbes, remplacez la ciboulette par de la menthe ou de l'aneth, les 2 se mariant bien avec le poisson. Remplacez le citron avec de l'orange, ou ne mettez ni l'un ni l'autre pour sentir encore plus le pastis.

Cuisson du poisson, *possible à l'avance* — Dans un four préchauffé à 180 °C ou à la vapeur, faites cuire le saumon frais entre 6 et 15 minutes (en fonction de la taille des morceaux) avec juste un peu de sel et de poivre, puis laissez-le refroidir. Retirez la peau, la chair grise et les arêtes, puis émiettez-le avec 2 fourchettes et réservez la chair émiettée dans un bol.

Autres éléments — Détaillez finement le saumon fumé avec un bon couteau et surtout pas au mixeur *(on ne mixe pas le poisson, voyons !)*. Ciselez finement les cébettes, en entier, le blanc et le vert et gardez-en un peu pour le dressage. Ciselez la ciboulette finement. Zestez le citron et pressez le jus, séparément.

Assemblage de la rillette — Dans le bol du saumon émietté, ajoutez le yaourt/fromage frais, tout le zeste du citron, le pastis, la ciboulette, les cébettes ainsi que le saumon fumé. Mélangez l'ensemble pour que la rillette soit homogène, salez, poivrez. Goûtez, rectifiez l'assaisonnement en ajoutant ce qu'il manque pour qu'elle soit parfaite en texture et en goût. Couvrez et réservez au frais jusqu'à la dégustation.

Pour 3 à 4 personnes

Préparation 25 min | **Cuisson** 10-15 min | **Total** 45 min environ

APÉRO DE SOIR D'ÉTÉ...

3 FAÇONS DE TWISTER UN CHÈVRE FRAIS

Préparation 10 min par recette

Herbes, échalotes, paprika fumé

1 chèvre frais Petit Billy®
1 belle échalote (environ 30 g)
1 belle poignée d'herbes fraîches
½ cuillère à café de paprika fumé
3 cuillères à soupe d'huile d'olive
Sel, poivre du moulin

Poivron rouge, olives & cébettes

1 chèvre frais Petit Billy®
100 g de poivron rouge grillé
1 dizaine d'olives noires dénoyautées
1 cébette ou 2 selon la taille
2 cuillères à soupe d'huile d'olive
Poivre du moulin *(les olives sont déjà salées)*

Oranges & noisettes grillées

1 chèvre frais Petit Billy®
40-50 g de noisettes grillées, concassées
½ orange bio pour le zeste *(ou plus si désiré)*
Sel, poivre du moulin

CIABATTA MAISON AUX OLIVES — ULTRASIMPLE

Ces petits pains se font très simplement, au robot ou à la main, sans pétrissage compliqué, et avec à peine 30/40 minutes de pousse. Ils ressemblent au *ciabatta* italien, avec ce bon goût d'huile d'olive. Parfaits pour l'apéro, ou en version mini pour des sandwichs maison qui vous feront renier les sandwichs d'autoroute, évidemment.

Ingrédients
500 g de farine (T55 par exemple)
1 sachet de levure boulangère
400 ml d'eau tiède
150 ml d'huile d'olive
1 + ½ cuillère à café de sel, à adapter si on ajoute des olives par exemple
Exemples de garnitures : olives, herbes, fromage en dés, fruits secs...

Préparation — Dans le bol d'un robot, ou dans un saladier, mélangez d'abord la levure avec l'eau tiède, puis ajoutez la farine, le sel et l'huile d'olive. Avec le crochet pétrin, mélangez jusqu'à ce que la pâte soit homogène.

Ajoutez la garniture à ce moment-là, ou divisez la pâte en deux dans deux saladiers et aromatisez-les de deux façons différentes. Laissez pousser couvert d'un torchon dans un endroit sans courant d'air, le temps de faire une petite vaisselle, un peu de rangement, une tartinade, soit une trentaine de minutes environ. Préchauffez le four à 230 °C (th. 7-8).

Façonnage & cuisson — Sur un plan de travail bien fariné, déposez la pâte, séparez-la en autant de pâtons que désiré, repliez-les un peu sur eux-mêmes pour leur donner une jolie forme, puis déposez-les sur une plaque recouverte d'une feuille de papier cuisson.

Temps de cuisson

Pour 6 à 8 pains individuels
15 à 20 minutes, en surveillant
Pour 2 pains moyens
20 à 25 minutes, en surveillant
Pour un seul pain avec toute la pâte
30 à 35 minutes, en surveillant

Surveillez toujours au fur et à mesure de la cuisson. Le pain est cuit lorsqu'il est bien doré et qu'il sonne creux lorsqu'on le tape avec une cuillère en bois. Laissez refroidir sur une grille pendant un bon moment avant de trancher le pain. *Je sais, ce n'est pas la partie la plus facile :)*

Préparation 10 min | **Repos** 30 min environ | **Cuisson** *variable (voir temps de cuisson)* | **Total** 60 minutes environ

ENTRÉES

PASSION ŒUFS MAYO

Les œufs mayo, on aime ou on déteste. Mais avec l'effort d'une mayonnaise maison, c'est facile à improviser ou à préparer à l'avance (à assembler à la dernière minute). Chaque variante vaut pour 4 à 5 œufs durs (environ 4 personnes).

BASE DE MAYO MAISON

1 œuf entier
1 belle cuillère à soupe de moutarde (forte ou en grains)
1 cuillère à soupe de vinaigre (Xérès, cidre, vin...)
20 cl d'huile neutre (environ 200 g)
1 pincée de piment d'Espelette
Du sel, quelques tours de moulin à poivre

Je la fais dans un verre doseur avec un mixeur plongeant, avec l'œuf entier, la texture est plus légère. Elle se fait très rapidement et elle est quasiment inratable. Au fond du verre, cassez l'œuf, puis ajoutez la moutarde et l'huile. Plongez le mixeur et mixez jusqu'à ce que la mayonnaise commence à prendre, puis remuez le mixeur pour bien rendre le mélange homogène. Ajoutez le reste des ingrédients, réservez au frais.

Gremolata estragon, citron & noisettes grillées

½ citron, pour son zeste
1 poignée de noisettes grillées
1 petite gousse d'ail bien frais
Quelques tiges d'estragon frais, juste les feuilles, hachées
De l'huile d'olive, du sel, du poivre du moulin

Mélangez l'estragon haché avec le zeste du citron, la gousse d'ail passée au presse-ail, un filet d'huile d'olive pour lier le tout, quelques noisettes concassées, du sel et du poivre. Coupez les œufs en deux et mélangez les jaunes d'œufs avec de la mayonnaise et un peu de gremolata. Farcissez les blancs, parsemez avec de la gremolata et des noisettes concassées.

Mayonnaise à l'ail rôti + Dukkah + aneth

1 tête d'ail rôtie
Quelques brins d'aneth fraîche
Quelques cuillères du mélange Dukkah de Nomie, ou de votre propre dukkah *(recette p.43)*

Dans un four à 200 °C (th. 6-7), faites cuire une tête d'ail dans du papier d'aluminium pendant 1 heure, jusqu'à ce qu'il soit confit et caramélisé. On va utiliser 3/4 gousses, les mélanger avec la mayonnaise quand elles sont refroidies, coupez les œufs en deux, mais ne séparez pas le jaune du blanc. Déposez 1 cuillère de mayonnaise sur chaque œuf, saupoudrez de dukkah et ajoutez quelques brins d'aneth.

Parmesan & thym frais

Un peu de parmesan râpé, à ajuster en fonction des goûts
Quelques branches de thym frais
De la fleur de sel, quelques tours de moulin à poivre

Ce mariage peut paraître intrigant, mais le corsé du parmesan se marie à merveille avec la mayonnaise. Mélangez du thym frais et un peu de parmesan dans la mayonnaise. Coupez les œufs en deux, enlevez les jaunes et remplir le blanc avec un peu de mayonnaise. Râpez les jaunes délicatement par-dessus, ajoutez du thym frais, du poivre et de la fleur de sel.

Œuf rose (mariné à la betterave), mayonnaise au curry et abricots secs

1 grosse betterave rouge cuite, ou 2 petites
Quelques abricots secs
Quelques pousses de cerfeuil
Un peu de mélange Curry de chez Nomie, ou du curry classique que vous auriez chez vous
De la fleur de sel, quelques tours de moulin à poivre

Mixez les betteraves avec un peu d'eau pour obtenir un mélange assez liquide et marinez-y les œufs écalés pendant 2 heures (ou la veille). Dans la mayonnaise, ajoutez du curry en fonction de l'intensité désirée, ½ cuillère à café à la fois. Coupez les œufs en deux et mélangez les jaunes dans la mayonnaise. Garnissez le blanc, de la fleur de sel, de poivre et un morceau d'abricot. Le cerfeuil donne de la fraîcheur mais n'est pas indispensable.

Chipotle, citron vert & coriandre

1 citron vert
Quelques tiges de coriandre fraîche, lavée, séchée
Du piment chipotle rouge fumé de chez Nomie, ou du tabasco fumé
De la fleur de sel, quelques tours de moulin à poivre

Vous pouvez remplacer le vinaigre par un peu de jus de citron vert dans la mayonnaise. Ajoutez directement le piment/tabasco dans le verre doseur *(ajustez en fonction de l'intensité de piment désirée)*. Ajoutez un peu de zeste de citron et ciselez finement la coriandre dans la mayonnaise (gardez la tige pour la texture). Ajoutez 1 cuillère à café de mayonnaise sur chaque demi œuf. Finissez avec un peu de poivre, quelques flocons de piment, et un peu de zeste en plus pour la fraîcheur.

Préparation 10 minutes environ pour chaque recette — en parallèle de la cuisson des œufs

FOCUS SUR LES HERBES !

Les herbes fraîches sont devenues indispensables dans ma cuisine. Elles relèvent, apportent de la fraîcheur, de la couleur, du goût, et elles ont une grande capacité d'adaptation au quotidien.

LES ACHETER

Les herbes s'achètent en bottes et fraîches. De cette façon, on peut choisir les plus vibrantes, les plus odorantes, les plus belles. Les barquettes de supermarché coûtent le double, pour moitié moins de matière. Rien ne vaut les énormes bottes du primeur. Attention, peu importe où vous les achetez, elles doivent absolument être lavées avant utilisation.

LES CONSERVER

Au retour du marché, lavez-les dans un grand volume d'eau. L'astuce ultime, c'est l'essoreuse à salade. Si les herbes pourrissent rapidement, c'est qu'elles sont trop humides. Les essorer et en effeuiller certaines, elles seront prêtes à l'emploi ! Je les conserve dans des contenants hermétiques, au frais, avec un papier absorbant légèrement humide au fond de chaque contenant. Certaines herbes peuvent se conserver presque deux semaines si elles sont bien préparées en amont.

LES UTILISER

On les utilise entières, hachées, ciselées quand elles sont bien fraîches, dans des salades ou en touches finales de certaines recettes. Quand elles commencent à faire la tête, on les transforme en pesto, en vinaigrette, ou en *garlic bread*.

DES HERBES FRAÎCHES, COMME TOPPING FRAÎCHEUR OU UTILISÉES DANS UNE RECETTE COMME INGRÉDIENT PRINCIPAL

LE RESTE UTILISÉ EN GREMOLATA OU EN PESTO

RESTES DE GREMOLATA DANS DES BEURRES AROMATISÉS, UTILISÉS DANS UNE RECETTE

Estragon

Au-delà de la béarnaise *(aaaahhh)* et de la sauce tartare *(AAAAHHHH)*, l'estragon est une herbe bien sous-estimée. Sa saveur anisée se marie très bien avec du poisson ainsi que de la volaille, des champignons, des tomates, des omelettes, et même haché dans une vinaigrette, il élève la salade verte au rang de star. Sans parler du poulet à l'estragon de ma grand-mère… *Je boirais cette sauce à la paille tellement je l'aime.*

Menthe

Une herbe qui se faufile partout. Elle pimpe une omelette, des pâtes, du riz… Avec les légumes, elle se marie très bien avec la courgette, les petits pois, les pommes de terre, mais aussi les tomates, les aubergines. Rafraîchissante aussi bien à boire qu'à manger, dans des recettes sucrées et salées. Je remplace souvent le basilic par de la menthe et ça marche.

Origan — L'origan frais, son odeur me fait penser directement à la pizza, bien sûr. Il se marie parfaitement avec des recettes à base de légumes du soleil comme les tomates, les aubergines, les courgettes. En marinade, il réveille des viandes avant de passer au barbecue et il se marie aussi très bien avec des petits chèvres extra-frais au moment du fromage.

Aneth

On l'aime ou on la déteste. Sur une salade, avec un poisson, dans une sauce aux herbes, une salade de pommes de terre, de concombres, du poisson fumé, des œufs ou simplement dans du riz. Cette herbe est meilleure crue que cuite.

Basilic

Salade, pesto, cru, cuit, une herbe qui plaît à tous les coups ou presque. J'aime l'utiliser dans des recettes sucrées, comme une salade de fruits rouges, ou une limonade rhubarbe-basilic.

Cerfeuil

C'est une herbe très fine qui se marie très bien avec des œufs *(et donc les mayonnaises, ouiiiiiii)*, du fromage blanc et avec de l'estragon dans des sauces comme la béarnaise, etc. Le cerfeuil est meilleur dégusté cru que cuit.

Ciboulette

J'aime son léger goût d'ail et sa forme facile à travailler. Elle se marie parfaitement avec un fromage blanc, de la crème fraîche pour accompagner des légumes crus et cuits, mais aussi au poisson, à la volaille, ou encore aux œufs… Omelette, mayonnaise, soufflés…

Coriandre

J'utilise les tiges pour la cuisson au début dans les currys et les pâtes de curry, les bouillons, les sauces mijotées, et les feuilles en fin de cuisson pour la touche de fraîcheur et le parfum. La coriandre fait voyager, elle parfume du riz, des œufs… Ceux qui ne peuvent littéralement pas la sentir peuvent parfois la remplacer avec de la menthe ou du persil.

Avec des herbes qui s'abîment, on aura TOUJOURS la solution d'un petit *garlic bread* improvisé, et on ne va pas s'en plaindre !

Romarin

Une herbe corsée à utiliser avec des viandes principalement. Il se marie très bien avec les légumes, courgettes, aubergines, champignons, butternut, panais, pommes de terre. On peut aussi utiliser une branche de romarin comme une pique à brochette en enfilant la viande ou le poisson sur la tige dans le sens des feuilles, meilleur moyen de donner du goût.

Sauge

Synonyme de nuit qui tombe plus tôt, de beurre qui mousse et de gnocchis qui s'y baignent. Le beurre et la sauge, meilleur mariage. Quand j'ai un peu trop de sauge, mais que j'ai atteint mon *quota* de gnocchis pour la semaine, je la cisèle finement et j'en fais du beurre aromatisé. Merveilleux pour faire revenir des champignons et même juste un œuf au plat.

100% HERBACÉ

DEUX POIREAUX VINAIGRETTE

Passion poireaux vinaigrette ! Poireaux fondants, à servir avec du pain grillé encore tiède pour un super-contraste de textures et de saveurs !

ŒUFS, BACON CROUSTILLANT & ESTRAGON

4 poireaux de taille moyenne, lavés et préparés
Une dizaine de tranches de bacon assez épaisses
2 à 3 œufs
½ bouquet d'estragon, lavé et séché
1 cuillère à soupe de miel (en option)
De la moutarde en grains*
Du vinaigre de Xérès*
De l'huile d'olive, du sel et quelques tours de moulin à poivre

Cuisson des poireaux, *faisable à l'avance* — Entiers ou en tronçons, les cuire à la vapeur, jusqu'à ce qu'ils soient tendres. Cuits à l'avance, les poireaux auront le temps de bien refroidir et de relâcher encore plus d'eau.

La garniture — Faites cuire les œufs 8 à 9 minutes, dans de l'eau bouillante et stoppez la cuisson sous l'eau froide. Coupez le bacon en petits morceaux et faites-le griller à feu vif pour qu'il soit bien doré. Pour une caramélisation bonus et indécente, ajoutez 1 cuillère à soupe de miel. Réservez. Effeuillez l'estragon et ciselez-en une partie finement, en gardant quelques feuilles entières pour le dressage.

La vinaigrette — Dans un petit bol, émulsionnez 2 cuillères à soupe de moutarde en grains avec 1 cuillère à soupe de vinaigre de Xérès. Ajustez la vinaigrette avec l'huile d'olive, l'estragon ciselé, salez, poivrez.

Dressage — Répartissez les poireaux dans un joli plat et ajoutez un peu de vinaigrette au fur et à mesure entre les poireaux. Finissez par les œufs écalés et concassés, le bacon croustillant, de la vinaigrette, les quelques feuilles d'estragon entières et quelques tours de moulin à poivre avant de servir.

J'adore servir les poireaux vinaigrette avec de belles tranches de pain grillées, le contraste du fondant froid avec le croustillant tiède est addictif !

VINAIGRETTE VERTE AUX HERBES & DUKKAH

4 poireaux de taille moyenne, lavés et préparés
Une dizaine de tiges de persil & menthe mélangées
Du mélange Dukkah de Nomie (ou voir recette p. 43)
De la moutarde forte*
Du vinaigre de cidre*
Sel et quelques tours de moulin à poivre

** voir déroulés des recettes pour la préparation des vinaigrettes, les proportions sont très personnelles :)*

Cuisson des poireaux, *faisable à l'avance* — Entiers ou en tronçons, les cuire à la vapeur, jusqu'à ce qu'ils soient tendres. Cuits à l'avance, les poireaux auront le temps de bien refroidir et de relâcher encore plus d'eau.

La vinaigrette — Dans un verre doseur et avec un mixeur plongeant, mixez les herbes avec l'huile assez longtemps pour obtenir une huile bien verte et lisse.

Dans un petit bol séparé, émulsionnez 2 cuillères à soupe de moutarde forte avec 1 cuillère à soupe de vinaigre de Xérès. Ces proportions sont personnelles et la recette peut bien sûr s'adapter si on la préfère plus ou moins moutardée, vinaigrée etc. Ajustez la vinaigrette avec l'huile verte, salez, poivrez, goûtez, corrigez l'assaisonnement et réservez.

Répartissez les poireaux dans une belle assiette pour servir et ajoutez un peu de vinaigrette verte. Finissez avec autant de dukkah que vous voulez (c'est addictif!) et quelques tours de moulin à poivre avant de servir.

Comme pour les poireaux au bacon, j'aime également servir cette version avec de belles tranches de pain grillées, ou des pitas tièdes. On n'hésite pas à saucer la vinaigrette ensuite !

BON À SAVOIR — Le mélange Dukkah est originaire d'Égypte. Délicieux avec juste de l'huile d'olive et du pain, il s'agit de fruits à coque torréfiés puis concassés avec des épices. Préparé avec de délicieuses noisettes du Piémont, le mélange n'en sera que meilleur. La dukkah est délicieuse en version salée ou sucrée. Du yaourt à la grecque avec du miel et des fruits de saison, une salade de tomates/feta ou en version tomates/mozza, mais aussi légumes rôtis et viandes grillées. J'en emmène souvent en vacances et je *twiste* tout avec !

Préparation 15 minutes pour chaque recette | **Cuisson des poireaux** Possible à l'avance et recommandé

TOMATES, NECTARINES — BURRATA & DUKKAH

J'ai déjà parlé de l'association nectarines/tomates/mozza sur le blog, mais avec la petite touche de noisettes et d'épices du mélange Dukkah de Nomie, c'est encore plus savoureux. L'essayer, c'est l'adopter !

Pour la salade

3 belles tomates ou un mélange *(tailles, couleurs, formes...)*

3 nectarines ou pêches, mûres

Du mélange Dukkah de Nomie

De l'huile d'olive de qualité

Une touche de vinaigre balsamique *(facultatif)*

Des flocons de sel fumé Maldon, ou de la fleur de sel

Quelques tours de moulin à poivre

Autant de burrata(s) que désiré *(en général une grosse burrata/2 personnes)*

Pour 4 personnes | **Préparation** 15 min

Préparation — Lavez les tomates et les nectarines et coupez-les selon la forme désirée, j'aime bien détailler des morceaux de tailles différentes, pour faire écho aux différentes couleurs et formes des tomates choisies pour cette recette. Dans un petit bol, mélangez quelques cuillères d'huile d'olive de qualité avec un tout petit peu de vinaigre balsamique, mais cette étape est facultative, on peut s'en tenir à de la très très bonne huile d'olive.

Arrangez les tomates et les nectarines sur une grande assiette ou dans un plat de service et déposez les burratas ouvertes par-dessus. Versez la sauce, parsemez généreusement de flocons de sel fumé Maldon et de poivre du moulin et finissez avec quelques pincées de Dukkah.

La saveur des noisettes grillées avec la mozzarella, les épices et le sucré des tomates et des nectarines... Vraiment, c'est une de mes recettes préférées, ultrasimple à réaliser. Faites en sorte que chaque bouchée ait un peu de tout et vous serez aux anges. Saucez ce qui reste avec du pain bien sûr !

POUR FAIRE SON MÉLANGE DUKKAH MAISON

100 g de noisettes déja grillées/torréfiées, sans la peau

2 cuillères à soupe de graines de cumin

6 cuillères à soupe de graines de sésame

3 cuillères à soupe de graines de coriandre

4 cuillères à café de thym séché

2 cuillères à café de fleur de sel

Des tours généreux de moulin à poivre

Dans une poêle, faites toaster les ingrédients (sauf le thym et le sel et le poivre) sur feu moyen en surveillant que cela ne brûle pas, le mélange va crépiter, remuez et réserver hors du feu ensuite. Mixez les noisettes sans chercher à atteindre une poudre mais plutôt une consistance grossière. Dans un saladier, mélangez les épices torréfiées et les noisettes hachées, ajoutez le thym, le sel et quelques tours de moulin à poivre et mélangez bien. Laissez refroidir si les épices étaient encore tièdes et mettez le tout dans un bocal pour le conserver.

SOUPE POTIMARRON, LAIT DE COCO & GREMOLA-THAÏE

La star de cette recette, c'est cette *gremola-thaïe* aux accents asiatiques. Cacahuètes, coriandre, piment, ce petit condiment donne du peps à cette recette. C'est le genre de twist parfait pour transformer une recette de base très simple.

Pour la soupe

1 potimarron de 700-800 g, lavé et séché *(voir la note sur les variantes)*

3 échalotes (ou 1 oignon jaune), pelées et coupées grossièrement*

2 citrons verts

1 petite gousse d'ail, juste pelée

1 morceau de gingembre frais (3-4 cm), pelé et coupé grossièrement

1 tige de citronnelle fraîche ou surgelée *(j'en ai toujours au congélateur)*

Quelques flocons de piment

Environ 50 cl de lait de coco *(ou un mélange lait de coco + crème de coco)*

200 ml d'eau ou de bouillon de légumes

De la sauce nuoc-mâm

Un peu d'huile d'olive, du sel et du poivre du moulin

** Je suis adepte de la découpe grossière pour ce genre de recettes. Pourquoi s'embêter à tout ciseler finement, ou râper le gingembre, on va passer plus de temps à nettoyer la râpe qu'à faire la soupe. Tout sera mixé : la découpe grossière est parfaite pour ça.*

Pour la gremola-thaïe

20 g de cacahuètes grillées non salées *(voir note)*

1 petite gousse d'ail

2 à 3 belles tiges de menthe fraîche *(juste les feuilles)*

¼ de botte de coriandre fraîche

1 petit piment oiseau rouge *(facultatif)*

Le zeste d'un des citrons verts prévus pour la soupe

De la sauce nuoc-mâm

Un peu d'huile d'olive

La gremola-*thaïe* — Concassez les cacahuètes (ni trop finement, ni trop grossièrement) et mettez-les dans un petit bol. Ajoutez les herbes hachées au couteau, la petite gousse d'ail râpée, le piment coupé finement, un peu de zeste de citron vert et 1 cuillère à café de sauce nuoc-mâm, puis délayez le tout avec de l'huile d'olive jusqu'à obtenir une texture de pesto rustique. Ajoutez 1 pincée de sel et quelques tours de moulin à poivre et réservez.

La soupe — Coupez le potimarron et avec une cuillère, creusez pour enlever les pépins et les fils. Coupez-le en cubes avec la peau et réservez. Dans une casserole, faites revenir les échalotes, l'ail et le gingembre dans un peu d'huile d'olive pendant 5 minutes. Ajoutez les cubes de potimarron et faites revenir encore quelques minutes. Versez le lait de coco et l'eau/le bouillon, les ingrédients de la casserole doivent être recouverts de liquide. Portez le tout à ébullition, puis baisser le feu pour laisser cuire tranquillement pendant une vingtaine de minutes environ, avec un couvercle posé légèrement en décalé sur la casserole pour ne pas que l'évaporation soit trop forte (risque de soupe très épaisse).

Adaptez ce temps en fonction des légumes choisis pour la soupe *(voir les variantes)*. Salez, poivrez et mixez la soupe jusqu'à obtenir une texture veloutée. Si elle est trop épaisse, ajoutez un peu d'eau chaude jusqu'à obtenir la consistance désirée. Goûtez, rectifiez l'assaisonnement et réservez au chaud jusqu'au moment de servir.

À table ! — Au moment de servir, ajoutez du jus de citron vert dans la soupe chaude et servez de belles louches de soupe dans des assiettes creuses ou des bols. Ajoutez quelques cuillères à café de *gremola-thaïe* et quelques cacahuètes grillées. Bon appétit !

NOTE — Grillez-vous même vos cacahuètes (natures et non salées). Dans un petit plat, à 170 °C (th. 5-6), pendant 10 minutes, puis ajustez le degré de grillé en poursuivant la cuisson 5 minutes par 5 minutes. J'en fais toujours un peu plus, ça se grignote facilement et ça s'ajoute dans plein de recettes !

VARIANTES — Remplacez le potimarron par de la patate douce, de la butternut, des carottes ou même un mélange de plusieurs. Pour la gremolata, remplacez les cacahuètes par des amandes, des noix de cajou, des noisettes. Pour les herbes, on peut ajouter du basilic thaï !

Pour 5 à 6 personnes | **Préparation** 15 min | **Cuisson** 25 min | **Total** 45 min maximum

COMTÉ

ENDIVES, POIRES, — NOISETTES & COMTÉ

La douceur de la poire vient remplacer la classique pomme et les noisettes remplacent les noix. C'est une version que j'adore servir à des invités et à chaque fois c'est un succès ! De quoi convertir même les plus anti-endives :)

Pour la salade

4 endives moyennes (ou 3 grosses)
2 belles poires (ou 3 moyennes)
200 g de comté de qualité, jeune ou vieux
2 belles poignées de noisettes grillées

Pour la sauce

De l'huile de noix ou de noisettes
Un peu d'huile d'olive
Un peu de vinaigre de cidre
Du miel ou du sirop d'érable *(voir note)*
De la moutarde en grains
Du sel & quelques tours de moulin à poivre

NOTE — J'aime bien mettre une touche de miel ou de sirop d'érable dans la vinaigrette. Dans des salades comme une salade d'endives, de pissenlit ou de scarole, cela permet d'adoucir et d'atténuer un peu le côté amer.

ANECDOTE JURASSIENNE — Jurassienne de naissance, il paraît qu'à l'époque, les familles jugeait leur potentiel beau-fils en lui donnant un morceau de comté à couper devant eux. Si il coupait trop généreusement la croûte en enlevant trop de fromage, cela voulait dire qu'il était dépensier et qu'il ne faisait pas attention au gâchis. Si par hasard il coupait trop près de la croûte, cela voulait peut-être dire qu'il était un peu radin. Heureusement, les temps changent…

Préparation — Coupez le pied des endives et enlevez les feuilles extérieures qui sont abîmées. Coupez-les en morceaux pas trop petits, ni trop gros et déposez-les dans un saladier. Retirez la croûte du comté *(voir anecdote)* et taillez le fromage en dés, concassez les noisettes grossièrement au couteau et ajoutez tout cela dans le saladier avec les endives.

La sauce — Dans un petit bol, émulsionnez 2 cuillères à soupe de moutarde en grains avec 2 cuillères à soupe de vinaigre de cidre et 1 cuillère à soupe de miel ou de sirop d'érable. Ces proportions sont personnelles et la recette peut s'adapter si on la préfère plus ou moins moutardée, vinaigrée, plus sucrée, plus salée, etc. Ajustez ensuite la consistance de la vinaigrette en y ajoutant 2 cuillères à soupe d'huile d'olive et 1 cuillère à soupe d'huile de noix ou de noisettes, ainsi que du sel et du poivre. À ce stade, je goûte toujours la vinaigrette soit avec une cuillère soit carrément avec un morceau de pain. **Le pain + la vinaigrette : la base.**

Service ! — Rectifiez l'assaisonnement si nécessaire et versez une partie de la sauce dans le saladier sur les endives, mélangez, et ajoutez de la sauce jusqu'à ce que la quantité de vinaigrette soit satisfaisante *(là aussi, tous les goûts et les couleurs sont dans la nature !)*. Pelez et coupez les poires à ce moment-là seulement, pour éviter qu'elles ne noircissent à l'air libre. Si la variété choisie le permet, vous pouvez bien sûr garder la peau en les lavant avant. Coupez-les en deux dans la hauteur, enlevez le cœur avec les pépins ainsi que la partie dure et coupez-les en tranches fines.

Dressez la salade sur un plat de service en alternant quelques cuillères de salade avec quelques lamelles de poires, joliment. Finissez avec quelques noisettes concassées en plus et quelques tours de moulin à poivre !

Pour 3 à 4 personnes | **Préparation** 15 à 20 min

VARIANTES —— Vous pouvez varier les légumes à volonté en fonction des saisons. J'adore y mettre aussi de l'aubergine, que l'on saisit dans une poêle avec de l'huile d'olive à côté et que l'on ajoute à la fin avec les haricots, en laissant mijoter 5 minutes pour qu'elles s'imprègnent du bouillon.

Ce minestrone est aussi délicieux en automne ou en hiver, avec de la butternut, du panais et même du chou toscan ou du kale.

Au printemps, j'aime en faire une version très verte, avec des haricots verts en morceaux, des fèves, des petits pois frais et sans le concentré de tomates pour garder un bouillon plus clair.

MINESTRONE DE MA MAMAN, — GREMOLATA BASILIC & NOIX

On peut très bien manger des soupes en été et ce minestrone en est la preuve. Les variantes sont infinies, on ne s'ennuie jamais.

Pour le minestrone

150 g de bacon ou de lard fumé, coupé en petits morceaux

1 verre de petites pâtes avec une forme sympa

150 g de petits pois congelés ou frais
(en fonction de la saison)

2 courgettes (jaunes, vertes, ou les 2), lavées et séchées

2 carottes, lavées et séchées

1 branche de céleri, lavée et séchée

Haricots en conserve, rouge, blanc, ou les 2*
environ 200 g en tout

2 gousses d'ail

1 oignon

Quelques herbes aromatiques comme du thym, du romarin (si elles sont entières, les ajouter en cours de cuisson, pas la peine de les effeuiller et de les couper)

1 croûte de parmesan *(facultatif)*
+ du parmesan ou du comté pour servir

Quelques flocons de piment *(facultatif)*

1 petite boîte de concentré de tomates, environ 70 g

** Utiliser des conserves, c'est la solution de facilité. Ma mère utilise un mélange sec (graines et légumineuses) qu'elle fait tremper la veille au soir dans de l'eau pour les réhydrater et elle ajuste ensuite le temps de cuisson et la quantité d'eau. C'est délicieux, mais ça demande une petite organisation supplémentaire en amont.*

Pour la gremolata

80-100 g de noix

1 petite gousse d'ail

1 botte de basilic
(gardez quelques feuilles pour le service)

De l'huile d'olive, sel & poivre du moulin

NOTE — Le minestrone peut très bien se préparer la veille et c'est même encore mieux pour les goûts. Dans ce cas, faire cuire les pâtes dans le minestrone juste avant la dégustation en rajoutant un peu d'eau si nécessaire. Cuites la veille, elles risque d'absorber le bouillon et d'être toutes molles.

Préparation — Coupez les courgettes avec la peau en dés pas trop gros. De même pour les carottes et le céleri. Ciselez aussi l'oignon et l'ail finement. Dans une cocotte type Le Creuset®, ou une casserole à fond épais, faites revenir le bacon/lard et l'oignon émincés dans 1 à 2 cuillères à soupe d'huile d'olive, puis ajoutez les carottes et le céleri. Faites revenir 10 minutes en remuant de temps en temps. Ajoutez 2 à 3 cuillères à soupe d'huile d'olive si le mélange attache un peu au fond. Ajoutez ensuite les courgettes coupées et l'ail haché et faites revenir 10 minutes à nouveau. Mélangez tout le concentré de tomates à la préparation, 1 pincée de flocons de piment et couvrez le mélange avec de l'eau/du bouillon (1,5 litre environ).

Ajoutez les herbes aromatiques choisies (ici romarin et thym frais), 1 à 2 branche(s) de chaque *(pour des herbes sèches = environ ½ cuillère à café de chaque)*, ainsi que la croûte de parmesan qui va délicieusement infuser le bouillon. Laissez mijoter 30 minutes à feu moyen sans couvercle. Au bout des 30 minutes, n'hésitez pas à ajouter un peu d'eau si le liquide s'est évaporé et ajoutez les pâtes et les petits pois et prolongez la cuisson en fonction du temps indiqué sur le paquet des pâtes sélectionnées. Pendant ce temps, préparez la gremolata.

La gremolata — Torréfiez les noix dans une poêle à sec ou au four à 170 °C (th. 5-6) pendant 10 minutes, sans les brûler. Laissez-les refroidir. Effeuillez le basilic *(on peut garder les tiges tendres du haut, elles donneront de la texture à la gremolata)*, puis lavez les feuilles et essorez-les bien *(l'essoreuse à salade, c'est le mieux !)*.

Sur une planche et à l'aide d'un bon couteau, ciselez finement le basilic et la gousse d'ail et débarrassez dans un bol. Concassez les noix au couteau et ajoutez-les au basilic et à l'ail. Mélangez graduellement avec de l'huile d'olive, une cuillère à soupe à la fois, jusqu'à obtenir un mélange gourmand et un ratio huile/morceaux qui vous convient. Salez, poivrez, goûtez, rectifiez et réservez.

Service — Servez quelques louches de minestrone bien chaud dans des assiettes creuses et ajoutez de la gremolata et quelques copeaux de parmesan ou de comté. Finissez avec quelques feuilles de basilic frais et quelques tours de moulin à poivre.

Pour 5 à 6 personnes | **Préparation** 20 à 30 min | **Cuisson** 45 min environ | **Total** 1 heure 10/20 environ

SALADE AGRUMES, AVOCAT, MENTHE — FETA & PISTACHES CARAMÉLISÉES

Pour la salade

Un beau mélange de 8-10 agrumes *(pamplemousse, orange, orange sanguine, clémentine, quand c'est la saison, faites-vous plaisir !)*

1 bloc de feta fraîche

2 avocats mûrs

Quelques feuilles de menthe fraîches, lavées et séchées

Fleur de sel, ou sel fumé de Maldon

Pour les pistaches caramélisées

1 belle poignée de pistaches décortiquées, non salées

2-3 cuillères à soupe de sucre blanc

Pour la sauce

Le jus des parures d'agrumes*

1 cuillère à soupe de miel (ou de sirop d'érable)

Quelques cuillères à soupe d'huile d'olive vierge extra

Sel & poivre du moulin

Les pistaches caramélisées — Dans une poêle, faites chauffer le sucre et les pistaches ensemble, jusqu'à ce que le caramel se forme. Remuez, ajoutez 1 cuillère à café d'eau pour faciliter le processus si cela semble un peu sec. Remuez et quand les pistaches sont bien enrobées, débarrassez dans un plat couvert de papier cuisson et laissez refroidir avant de manipuler.

Les agrumes — Sur une grande planche, détaillez les agrumes en coupant le haut et la base, ôtez la peau jusqu'à la pulpe avec un couteau bien aiguisé autour de chaque agrume, puis prélevez les suprêmes ou, en cas de flemme, coupez-les en tranches fines, puis en deux pour obtenir des demi-lunes. Si vous avez prélevé des suprêmes, pressez ce qui reste de chaque agrume pour récupérer le jus qui va servir à faire la sauce.

La sauce — Dans un bol, préparez la sauce avec le jus des agrumes dans lequel vous avez dilué le miel, puis quelques cuillères à soupe d'huile d'olive *(volontairement, je ne donne pas de quantité précise, on a tous nos préférences en termes de quantité de sauce, alors c'est chacun pour soi !)*, du sel, du poivre fraîchement moulu. Goûtez et rectifiez l'assaisonnement, puis réservez.

Dressage — Pour le dressage, disposez les agrumes joliment dans un plat. Coupez, pelez, puis détaillez l'avocat en quartiers, puis en tranches fines, ciselez la menthe, émiettez la feta, puis dressez la salade avec ces éléments dans un beau plat de service. Saucez généreusement la salade, puis parsemez de pistaches caramélisées concassées. Finissez avec une touche de fleur de sel ou de flocons de sel fumé de Maldon.

** Si vous avez choisi l'option « rondelles d'agrumes avec la peau blanche » et que vous n'avez pas de « restes » à presser, il suffit de mélanger un peu de jus d'orange et de jus de citron pour faire la base de la sauce, à ajuster en fonction du degré d'acidité voulu, puis on ajoute plus ou moins d'huile d'olive et on dose comme on le souhaite, aucune recette n'est figée.*

Pour 4 à 6 personnes | **Préparation** 25 min | **Cuisson** 8-10 min (les pistaches) | **Total** 35 min maximum

ASPERGES — BEURRE NOISETTE À L'ORANGE, CROÛTONS, FETA & HERBES

Le beurre noisette à l'orange, une dinguerie qui se marie parfaitement avec les asperges, les croûtons et la feta fondante.

Ingrédients

2 bottes d'asperges vertes

50 à 60 g beurre (voire un peu plus...)

1 orange non traitée

Un peu de thym frais ou sec

Du pain, rassis ou frais, pour faire les croûtons

1 bloc de feta fraîche

Quelques herbes fraîches hachées grossièrement *— ici aneth, menthe, persil & ciboulette, mais toutes les herbes peuvent convenir*

De l'huile d'olive

Sel, poivre du moulin (et éventuellement flocons de piment)

Les croûtons — Préchauffez le four à 200 °C (th. 6-7), coupez ou déchirez le pain en morceaux et déposez-les dans un plat allant au four, avec quelques cuillères à soupe d'huile d'olive, un peu de sel et de thym *(j'ajoute aussi quelques flocons de piment, mais c'est facultatif)*.

Mélangez pour qu'ils soient bien enrobés et enfournez pour environ 8 à 10 minutes en remuant de temps en temps et en surveillant le degré de coloration au bout de 8 minutes puis réservez.

Les asperges — Coupez la partie dure sur le bas des asperges, les peler un peu sans remonter jusqu'à la pointe et faites cuire à la vapeur ou dans de l'eau bouillante salée environ 4 minutes, juste pour les précuire rapidement.

Dans une poêle qui peut contenir toutes les asperges, faites fondre le beurre à feu moyen. Avec un éplucheur, prélevez 1 ou 2 bandes de zeste sur l'orange et réservez-les pour le service.

Quand le beurre est fondu et qu'il devient noisette, zestez le reste de l'orange (avec une râpe fine type microplane) dans la poêle et mélangez. Ajoutez les asperges précuites dans le beurre à l'orange et laissez-les revenir jusqu'à ce qu'elles soient tendres sous la pointe d'un couteau *(environ 3-4 minutes)* mais pas trop cuites, puis réservez hors du feu, dans la poêle.

La sauce — Débarrassez les asperges sur une grande assiette, en les égouttant au-dessus de la poêle pour conserver un peu de beurre à l'orange. Dans un petit bol, mettez 4-5 cuillères à soupe de jus d'orange et ajoutez le beurre de la poêle. Salez, poivrez, réservez à température ambiante et non au frais, sinon le beurre risque de figer.

Dressage & dégustation — Dans un saladier à part, mélangez les asperges et les herbes ensemble, puis dressez-les dans le plat prévu pour le service. Parsemez de feta fraîche émiettée, ajoutez les croûtons, encore quelques herbes et finissez par la petite sauce.

Pour 4 personnes | **Préparation** 20 min | **Cuisson** 10 à 15 min | **Total** 30 min environ

BU-RRA-TA PARTY

Les *burratas party*, un vrai concept à lancer, non ? Voici quelques garnitures qui sauront agrémenter cette merveilleuse création qu'est la burrata, tout au long de l'année,en fonction de chaque saison.

Chaque recette est prévue pour une généreuse burrata, à sortir environ 1 heure avant de la déguster. Prévoyez du pain grillé pour ne rien laisser dans l'assiette !

Prunes grillées au miel, origan frais & gomasio de chanvre

Betteraves, estragon, balsamique et fleur de sel fumée

Chorizo grillé, cébettes & menthe

Fenouil, orange, noisettes & poivre fumé

Petits pois & gremolata roquette & citron confit

Kalamata, cerises & amandes

BURRATAAAA !

PRINTEMPS — ÉTÉ

Prunes grillées au miel, origan frais, et gomasio de chanvre maison

3 à 4 prunes, lavées, séchées et coupées en quartiers
Un peu de miel — Quelques tiges d'origan frais
De l'huile d'olive, du poivre du moulin

Gomasio : 200 g de chanvre non décortiqué, toasté à sec — 130 g de chanvre décortiqué — 10 g de graines de coriandre, toastées à sec — 10 g d'origan séché, de qualité — 6 g de graines de fenouil, toastées à sec — 25 g de fleur de sel

Dans une poêle, toastez les éléments indiqués, séparément. Dans un petit mixeur, ou mortier, réduisez en poudre la fleur de sel, les graines de coriandre et de fenouil, l'origan et la moitié du chanvre décortiqué. Séparément, mixez le chanvre non décortiqué en laissant quelques morceaux. Mélangez le tout dans un cul de poule avec le reste du chanvre décortiqué laissé entier et conservez dans une boîte hermétique à température ambiante. Faites griller les prunes dans un peu d'huile d'olive et de miel. Dressez la burrata avec les prunes, quelques feuilles d'origan frais, du gomasio de chanvre et un filet d'huile d'olive.

Petits pois, gremolata roquette, pignons, cébettes & citron confit

1 petit verre de petits pois frais — 1 poignée de roquette fraîche
2 tiges de cébettes — ¼ de citron confit (juste l'écorce)
Quelques pignons de pin grillés — De l'huile d'olive, de la fleur de sel & du poivre du moulin

Faites blanchir les petits pois 3 minutes dans de l'eau bouillante salée, puis rafraîchissez-les dans de l'eau très fraîche pour arrêter la cuisson. Réservez. Préparez la gremolata en ciselant finement la roquette et les tiges de cébettes, mélangez-les dans un bol avec un peu d'huile d'olive, de sel, de poivre et ajoutez les pignons de pin toastés à sec dans une poêle au préalable. Garnissez la burrata avec un peu de gremolata et de petits pois, un peu de citron confit en dés, un filet d'huile d'olive et quelques tours de moulin à poivre.

Cerises, olives de Kalamata & amandes grillées

Une dizaine de cerises mûres — Quelques olives de Kalamata
Une dizaine d'amandes grillées — De l'huile d'olive, de la fleur de sel & du poivre du moulin

Coupez et dénoyautez les cerises et les olives. Dressez la burrata ouverte avec les olives et les cerises, sans oublier quelques amandes grillées concassées grossièrement, ainsi qu'un filet d'huile d'olive, une pincée de fleur de sel et quelques tours de moulin à poivre, toujours.

AUTOMNE — HIVER

Fenouil, orange, noisettes & poivre fumé

½ fenouil bien frais et bien croquant — 1 petite orange bio
1 poignée de noisettes grillées, concassées — Du poivre fumé (on peut en trouver chez Nomie), sinon utilisez du poivre classique — Huile d'olive, huile de noisettes et un peu de fleur de sel

Coupez le fenouil très finement à l'aide d'une mandoline et réservez-le dans de l'eau bien froide pour qu'il reste croquant. Pelez l'orange en enlevant le plus de blanc possible et prélevez de jolis segments à l'aide d'un couteau bien aiguisé. Dressez la burrata avec le fenouil égoutté, de l'orange et quelques noisettes concassées. Ajoutez un filet d'huile d'olive et d'huile de noisettes, un peu de fleur de sel et surtout du poivre fumé, *ce poivre qui rend complètement accro !*

Betteraves rôties, estragon, balsamique réduit & fleur de sel fumée

1 betterave jaune crue — 1 à 2 tiges d'estragon frais
½ verre de vinaigre balsamique — De l'huile d'olive de qualité
De la fleur de sel fumée Maldon (ou du poivre fumé Nomie)

Dans un four préchauffé à 200 °C (th. 6-7), faites cuire la betterave entière enveloppée dans du papier d'aluminium pendant 1 heure ou jusqu'à ce qu'elle soit tendre avec la pointe d'un couteau. Laissez refroidir, puis pelez-la et coupez-la en quartiers. Faites réduire le vinaigre balsamique dans une petite casserole, puis laissez-le refroidir pour qu'il devienne sirupeux. Dressez la burrata avec la betterave et un filet de balsamique, quelques feuilles d'estragon frais ainsi qu'un filet d'huile d'olive et de la fleur de sel fumée.

Chorizo grillé, cébettes & menthe

8 à 10 cm de chorizo entier — 2 à 3 tiges de cébettes
1 dizaine de feuilles de menthe fraîche — De l'huile d'olive, de la fleur de sel & du poivre du moulin

Coupez le chorizo en petits cubes et faites-le revenir dans une poêle sans matière grasse. Quand il est grillé, réservez les petits morceaux sur un papier absorbant, sur une assiette. Ciselez finement les tiges de cébettes et les feuilles de menthe, puis dressez la burrata ouverte avec le chorizo et les ingrédients ciselés. Ajoutez un peu d'huile d'olive, de la fleur de sel et du poivre et servez sans tarder.

AUTRES SUGGESTIONS

Clémentines rôties au miel et aux épices (cannelle, badiane) — Oranges sanguines, mélasse de grenade & pignons — Radis, pesto d'ail des ours & noisettes — Crème d'artichauts & zaatar — Abricots grillés au miel & pistaches — Fraises, verveine fraîche & noisettes — Pêches grillées & basilic — Raisins rouges rôtis & dukkah — Nduja & gremolata ...

PLATS

CLASSIQUES TWISTÉS —

Des recettes bien connues et qui marchent à tous les coups, mais avec cette petite touche en plus qui change tout !

Bourguignon, risotto, poulet rôti, bolognaise, des recettes simples et goûtues, à faire, à refaire, mais twistées avec ce petit goût de reviens-y !

En bonus : un focus saucisse, un focus sur les restes de poulet rôti et un focus gremolata. ***Gremola-quoi ?***

ENDIVES AU JAMBON, À LA FÈVE TONKA —

Cuisson des endives — Pour faire cuire les endives à la vapeur, arrachez les feuilles abîmées et laissez le pied, cela permet que l'endive se tienne mieux à la cuisson. Dans un panier vapeur, comptez 15 minutes pour des petites endives et plutôt 25 pour des grosses. La pointe du couteau doit rentrer facilement dedans.

NOTE —— Je précuis souvent des endives, soit pour faire ce gratin, soit pour les poêler dans du beurre (aromatisé...) dans la semaine. Quand elles sont déjà cuites, cette recette prend 15 minutes à préparer — ajoutez 25 minutes de préparation si ce n'est pas le cas.

Laissez-les égoutter dans une passoire fine pendant un bon moment. C'est pour cette raison que j'aime bien en précuire sans forcément savoir ce que je vais en faire, mais plus elles égouttent, mieux ça sera pour les cuisiner. Préchauffez le four, chaleur tournante, 200 °C.

Béchamel à la tonka — Dans une casserole, faites fondre le beurre et quand il est fondu, ajoutez la farine et mélangez avec un fouet. Délayez avec le lait au fur et à mesure en fouettant continuellement, à feu moyen. Le test : plongez une cuillère dedans et passez le doigt sur la cuillère, si ça laisse une trace nette, c'est bien parti, sinon, continuez de remuer à feu moyen jusqu'à l'épaississement souhaité. Assaisonnez avec du sel, du poivre du moulin, un peu de noix de muscade fraîchement râpée et la fève tonka entièrement râpée (à la microplane par exemple). Goûtez, rectifiez l'assaisonnement, et laissez sur feu très doux pendant que vous préparez le reste.

Montage & cuisson — Quand les endives sont refroidies, coupez le pied. Si elles sont grosses, coupez-les en deux dans la longueur (pour avoir 2 demi-endives par personne) sinon, laissez-les entières. Enveloppez chaque morceau d'une belle tranche de jambon, puis disposez-les dans un plat. Couvrez de béchamel, parsemez avec le comté râpé et ajoutez quelques tours de moulin à poivre. Enfournez pour 10-15 minutes, jusqu'à ce que ce soit bien gratiné (ce temps peut varier en fonction des fours). Dégustez avec du pain pour saucer et une belle salade verte à côté.

J'ai osé 2 recettes avec des endives dans ce livre, une recette froide et une recette chaude!

La fève tonka a conquis mes voisins qui n'aimaient pas les endives gratinées, c'est pour dire !

Ingrédients

4 grosses endives ou 8 petites
8 tranches de jambon
2 belles poignées de comté râpé
1 fève tonka entière (les miennes viennent de chez Nomie)
Noix de muscade, piment d'Espelette ou piment en flocons
75 g de farine
750 ml de lait
75 g de beurre
Sel & poivre du moulin

Pour 4 personnes | **Préparation** 15 min *(voir note)* ou 25 min | **Cuisson** 15 min | **Total** 30 à 45 min

BOLO ÉPICÉE AU BŒUF & À LA SAUCISSE — VIN BLANC ET LAIT

Du lait ? Et oui. J'ai découvert ce *twist* dans le livre de Marcella Hazan (dont je parle dans la recette des pici dans le livre). L'ajout du lait donne une texture crémeuse à la sauce grâce au gras qu'il contient et une sensation presque de caramélisation sur la viande. C'est une étape facultative, mais que je trouve délicieuse ! Et il y a quand même du vin aussi, faut pas pousser !

Ingrédients

5 belles échalotes, pelées et ciselées finement
2 petites carottes, pelées et coupées en petits dés
1 branche de céleri, propre et coupée en petits dés
De l'huile d'olive et un peu de beurre
400 g de chair à saucisse
400 g de bœuf haché
250 à 300 ml de lait entier
250 à 300 ml de vin blanc
Du sel, du poivre du moulin et de la noix de muscade à râper
Quelques pincées de flocons de piment
1 cuillère à soupe (ou plus…) de harissa en tube, de qualité
70 g de concentré de tomates
700 à 800 ml de coulis de tomates ou de tomates entières en conserves, de qualité
Une noix de beurre en plus pour émulsionner parfaitement la sauce avec la pasta

Pour servir

Des pâtes, par personne : compter 100 à 120 g de pâtes sèches et 150 à 180 g de pâtes fraîches
Du parmesan fraîchement râpé

NOTE —— Si la quantité de sauce paraît trop importante au moment de mettre les pâtes dedans, réserver un peu de sauce dans un bol à côté. Si finalement la quantité restée dans la casserole suffisait, cette sauce mise de côté peut parfaitement se congeler ou s'utiliser différemment.

Préparation possible à l'avance — Dans une grande cocotte, faites fondre une généreuse noix de beurre (quantité libre) avec un peu d'huile d'olive. Faites revenir à feu moyen les échalotes, les carottes, le céleri jusqu'à ce qu'une bonne odeur se dégage, en remuant souvent, environ 5 à 10 minutes. Ajoutez ensuite les viandes, et réduisez-les en miettes avec une cuillère en bois, remuez jusqu'à ce que ça dore un peu.

Ajoutez le lait et laissez cuire jusqu'à ce que le lait se soit évaporé, en remuant de temps en temps. Ajoutez une demi-noix de muscade râpée à la microplane, c'est ce qui donne énormément de relief à cette sauce bolognaise. Ajoutez ensuite le vin et, à la moitié de son évaporation, ajoutez la tomate, le concentré, la harissa et quelques flocons de piment. Quand l'ébullition reprend doucement, baissez le feu vraiment tout doux et laissez mijoter sans couvercle pendant au moins 2 heures, en remuant de temps en temps.

Goûtez, rectifiez l'assaisonnement. Si la texture est trop concentrée à votre goût, ajoutez une petite louche d'eau de temps en temps, mais pas trop pour ne pas ruiner la mantecatura, cette étape qui consiste à finir de cuire les pâtes directement dans la sauce en allongeant avec de l'eau de cuisson pour une texture optimale.

Finition et service — Faites cuire les pâtes dans un grand volume d'eau salée, 1 minute de moins que le temps *al dente* indiqué sur le paquet. Réservez 2-3 louches d'eau de cuisson dans un bol à la fin de la cuisson, puis égouttez les pâtes et transférez-les rapidement dans la sauce, avec une petite louche d'eau de cuisson pour commencer. Mélangez le tout à feu relativement vif pour que la magie opère et que la liaison onctueuse se forme et que les pâtes s'imprègnent parfaitement de la sauce.

Servez immédiatement avec une quantité généreuse de parmesan fraîchement râpé et quelques tours de moulin à poivre, toujours.

Pour 6 à 7 personnes
Idéale à faire à l'avance | **Préparation** 15 à 30 min | **Cuisson** 2 heures 30 environ | **Total** 3 heures maximum

SAUCISSE DE
MORTEAU
Label Rouge

LE DIMANCHE ET L'ODEUR DE SAUCISSE — CHEZ ADRIENNE & DIMITRI

Cette recette rassemble tous les éléments d'un repas du dimanche rassurant et gourmand. Délicieux le jour J et toujours délicieux le lendemain aussi.

Ingrédients

1 belle pintade (ou 1 poulet)
1 saucisse de Morteau, en tranches, puis en demi-lunes
1 ou 2 tranches de lard fumé, coupé(s) en petits morceaux
1 chou vert – coupé en quatre ou en six selon sa taille
1 bocal de marrons déjà cuits
2 oignons, émincés en lamelles
Quelques raisins secs (quantité libre)
1 verre de vin blanc de cuisine (120 ml environ)
Un peu de beurre ou d'huile d'olive

Matériel

1 grosse cocotte type Le Creuset®
ou Staub® avec un couvercle adapté
1 grand plat de service ou 2 moyens

NOTE —— Les restes sont délicieux réchauffés à feu moyen dans une poêle avec un couvercle pour garder le mœlleux, et se conserveront facilement 3 à 4 jours au réfrigérateur. Cette recette se congèle également très bien en portions.

PETIT DÉTAIL —— Rendez-vous sur le blog pour voir la recette avec la pintade, si vous voulez visualiser ce que vous aurez dans l'assiette ! Ce tableau était bien trop gourmand pour ne pas être mis en avant dans ce livre :) !

Préparation — Dans une cocotte, versez 1 cuillère à soupe d'huile d'olive et faites dorer à feu moyen/vif les oignons, la saucisse et le lard. Quand c'est doré, réservez tout dans une assiette. Préchauffez le four à 180 °C (th. 6) et dans la même cocotte *(sans la nettoyer bien sûr)* faites dorer la volaille sur toutes les faces dans un peu d'huile et de beurre. Remettez les oignons/saucisse/lard autour de la volaille, ajoutez un petit peu d'eau (environ 4 cm) pour ne pas que ça brûle dans le four et enfournez pour 20 minutes *(30 à 35 minutes pour un gros poulet)* avec le couvercle.

Pendant ce temps, faites bouillir de l'eau salée dans une grosse casserole et blanchir les morceaux de chou, en plusieurs fois si tout ne rentre pas, 10 minutes environ. Débarrassez-les dans de l'eau bien fraîche pour stopper la cuisson et garder la belle couleur verte, puis laissez-les égoutter. Sortez la cocotte du four, remuez un peu pour vérifier que ça n'a pas attaché.

Autour de la volaille (en alternant les couches), disposez des morceaux de chou, les marrons et les raisins secs puis versez un généreux verre de vin blanc et un petit verre d'eau – *ou 2 verres de vin bien sûr, on n'est pas là pour juger* – pour que ça n'attache pas à la fin de la cuisson, ainsi que quelques tours de moulin à poivre.

Continuez la cuisson sur la plaque à feu moyen, pendant environ 40 minutes, jusqu'à ce que la pintade soit cuite *(adaptez le temps de cuisson si c'est un gros poulet, la pintade cuit plus vite)*. Vérifiez la cuisson en piquant la chair au niveau du blanc ou de la cuisse avec un couteau bien aiguisé.

Service — Au moment de servir, mettez de côté le chou et le reste de la garniture et arrangez joliment dans un plat de service. Coupez la volaille en morceaux et servez bien chaud avec la sauce au fond de la cocotte et de la moutarde à volonté.

Pour 4 à 5 personnes | **Préparation** 25 min | **Cuisson** 60 à 80 min | **Total** 1 heure 30 min environ

LA SAUCISSE, C'EST LA VIE !

On fait TOUT avec une saucisse. Toulouse, morteau, chorizo, tout est bon dans le cochon !

Ces recettes sont volontairement courtes et dosées en général pour 2 ou 4 personnes. Inspirez-vous en et adaptez-les !

Chorizo, pois chiches, yaourt, herbes

Sur feu vif, faites revenir le chorizo en petits morceaux dans une poêle pour le rendre croustillant. Ajoutez les pois chiches dans la poêle et faites revenir le tout. Mélangez du yaourt grec avec du sel, du poivre, du piment, des zestes de citron et quelques herbes fraîches hachées. Dans une assiette, dressez les pois chiches et le chorizo grillé sur le yaourt avec des herbes fraîches ciselées au moment de servir. Dégustez avec des pitas tiède.

Tartes à la saucisse, graines de fenouil & butternut

Faites caraméliser 3 oignons en lamelles fines dans du beurre, à feu doux, pendant 30 à 40 minutes en remuant souvent. À la vapeur, faites cuire de la courge butternut (pelée). Dans une poêle, faites griller de la chair à saucisse en la cassant en petits morceaux avec une cuillère en bois et ajoutez quelques graines de fenouil pendant la cuisson. Préchauffez le four à 180 °C (th. 6) et sur une plaque allant au four, découpez des cercles de 15 cm dans une pâte brisée. Déposez un peu de garniture (oignons, courge, saucisse) et repliez la pâte sur les bords pour former des petites tartes rustiques. Salez, poivrez, badigeonnez de jaune d'œuf et faites cuire 10/15 minutes en surveillant.

Pizza à la chair à saucisse, courge & *scamorza*

Faites cuire du potimarron en morceaux, puis mixez-le avec un peu de crème, de sel et de poivre. Préchauffez le four au maximum (250 à 300 °C). Sur une pâte à pizza maison (ou sur une pâte à pain achetée en boulangerie), étalez un peu de purée de courge et un oignon rouge mandoliné finement, répartissez de la chair à saucisse détaillée en petites portions et de la *scamorza* (mozzarella fumée). Enfournez pour 10/15 minutes ou jusqu'à ce que la pâte et les saucisses soient cuites, et la mozza fondue et grillée. Servez avec de la roquette, assaisonnée à l'huile d'olive et au jus de citron.

Règle n°1:
Avoir une saucisse dans son frigo : l'assurance d'un repas *delicioso* et rapido, même en solo !

Salade de lentilles tièdes, morteau, pommes de terre, carottes & gremolata persil/noisettes/ail

Ma mère faisait souvent une salade de lentilles tièdes, c'est tellement bon ! Préparez quelques pommes de terre et carottes à la vapeur et pendant que vous cuisez les lentilles (eau non salée, avec du laurier !) préparez une vinaigrette bien moutardée (huile, moutarde, vinaigre et échalote ciselée) au fond d'un saladier. Quand les lentilles sont cuites, égouttez-les et ajoutez-les encore chaudes dans la sauce, avec les carottes et les pommes de terre en morceaux. Préparez une gremolata à base de persil haché, d'une petite gousse d'ail et de quelques noisettes grillées, le tout lié à l'huile d'olive et assaisonné. Servez la salade avec des tranches de saucisse de Morteau grillées et la gremolata.

Saucisse, brioche grillée, épinards à la crème, et potatoes, notre brunch pantinois avec Julia

Ce repas me rappelle mon amie Julia *(Hi @bakenger!)*. Dans un four à 200 °C (th. 6-7), faites cuire des pommes de terre coupées avec de l'huile d'olive et les épices de votre choix, ou du mélange Country Potatoes de Nomie pendant 20 minutes, remuez puis poursuivez encore 15 minutes. Faites revenir quelques échalotes ciselées dans du beurre, ajoutez des épinards et faites revenir le tout, puis crémez sans mixer. Grillez 2 saucisses (coupées dans la longueur) dans une poêle, toastez la brioche et servez-vous la plus gourmande des assiettes !

Saucisse, purée aux herbes & oignons nouveaux

Préparez une bonne purée, sans lésiner sur le beurre et le lait entier et ajoutez dans la purée quelques oignons nouveaux ciselés finement (entiers, le vert et le blanc), ainsi que quelques herbes fraîches comme de la menthe, du persil et/ou du basilic. Servez avec de belles saucisses grillées à la poêle.

Risotto à la tomate, saucisse nduja* & quenelles de ricotta fraîche aux herbes

Dans une cocotte, faites revenir 2 échalotes ciselées finement dans de l'huile d'olive et/ou du beurre. Ajoutez 1 verre de riz à risotto et remuez jusqu'à ce qu'il soit translucide. Déglacez avec 1 verre de vin blanc (100-120 ml) et remuez jusqu'à ce que ce soit absorbé. Ajoutez du bouillon *(légumes ou volaille)* louche par louche jusqu'à ce que le risotto soit presque cuit. Ajoutez 2 cuillères à café de concentré de tomates *(ou 4 à 5 cuillères à soupe de coulis de tomates)* ainsi que 2 cuillères à soupe de pâte de nduja. Remuez et ajoutez du bouillon pour ajuster la consistance. Servez dans des assiettes creuses avec une quenelle de ricotta fraîche mélangée avec des herbes ciselées et du poivre à volonté.

* *Une pâte de saucisson piquant, à base de porc et de piment.*

Sandwich aux œufs brouillés, saucisse grillée, sauce piquante & herbes fraîches

Faites griller des tranches de saucisse (morteau, ou toulouse) et réservez-les sur un papier absorbant. Dans la même poêle (sans la nettoyer), faites cuire des œufs brouillés dans le gras de la saucisse. Garnissez des muffins grillés avec les œufs, de la saucisse, de la *hot sauce* & des herbes fraîches !

Salade de tomates, feta, menthe, chorizo

Coupez plusieurs tomates en morceaux et arrangez-les dans un plat. Dans une poêle et à feu vif saisissez quelques tranches de chorizo en fines allumettes. Réservez ensuite sur un papier absorbant. Versez un filet de bonne huile d'olive sur les tomates et parsemez avec de la feta émiettée, plein de menthe ciselée pour la fraîcheur et les allumettes de chorizo. Corrigez l'assaisonnement en goûtant avant (feta et chorizo sont déjà bien salés). Servez avec du pain grillé tiède.

— DES RECETTES 100 % SAUCISSE

RISOTTO À LA BUTTERNUT, GREMOLATA SAUGE, CITRON, NOISETTES — & CHIPS DE JAMBON CRU

La gremolata, les chips de jambon… des touches simples mais addictives !

Pour le risotto
300 g de riz à risotto, type Arborio
1 courge butternut de taille moyenne
2 échalotes ciselées
50 g de parmesan fraîchement râpé + un peu pour le service
1 beau verre de vin blanc (120 ml environ)
Du bouillon (légumes ou volaille), chaud
Du beurre

Pour la gremolata
1 citron bio (ou 1 petite orange)
1 poignée de noisettes grillées
½ bouquet de sauge fraîche, lavé et séché
De la bonne huile d'olive
De la fleur de sel, du poivre

Pour les chips de jambon
4-5 tranches de jambon cru, ou de jambon de Savoie

VARIANTES — Il est possible d'utiliser un autre type de courge (potimarron, delica, delicata…) et aussi de l'intégrer au risotto en morceaux rôtis au four plutôt qu'en purée.

On peut également ajouter des champignons à cette recette, ils se marieront à merveille avec ces saveurs d'automne.

Ce risotto peut se servir avec un poisson rôti au four plutôt qu'avec des chips de jambon.

NOTE ZÉRO GÂCHIS — Le reste de purée sera idéal à transformer en pancakes salés. Un œuf, un peu de farine, fromage râpé au choix (comté, parmesan, tomme, cantal, beaufort…), sel, poivre. S'il reste de la gremolata, diluez-la avec 1 cuillère de vinaigre et un peu d'huile d'olive, elle sera parfaite en vinaigrette sur une salade verte à servir avec les pancakes salés. *Double astuce zéro gâchis !*

La butternut rôtie — Préchauffez le four à 180 °C (th. 6). Coupez la butternut en deux dans la longueur, retirez les pépins, salez, poivrez chaque face et déposez-les face contre la plaque du four, recouverte de papier cuisson. Puis, enfournez pour 30 à 35 minutes, jusqu'à ce que ce soit tendre avec la pointe du couteau.

La gremolata — À l'aide d'un couteau bien aiguisé, ciselez finement les feuilles de la sauge et mettez-les dans un petit bol. Concassez les noisettes et ajoutez-les à la sauge. Zestez le citron (ou l'orange) au dessus du bol avec une râpe microplane et ajoutez de l'huile d'olive pour lier les éléments ensemble. Salez, poivrez, goûtez et rectifiez les goûts, puis réservez à température ambiante.

Le risotto — En parallèle de la cuisson de la butternut, dans une poêle assez large, ou une cocotte type Le Creuset®, faites revenir les échalotes ciselées dans une quantité généreuse de beurre. Quand elles sont translucides versez le riz cru et mélangez pour le « nacrer ». Au bout de 5 minutes, déglacez avec le verre de vin blanc. Continuez de remuer quelques minutes pour que le vin soit en partie absorbé puis ajoutez le bouillon chaud, louche par louche, en remuant régulièrement pour que ça n'attache pas. La durée de cuisson du riz est indiquée sur le paquet ; de mon côté, le riz avait la texture parfaite 5 minutes avant la fin de la cuisson. Hors du feu, ajoutez le parmesan râpé et réservez.

Quand la butternut est cuite, prélevez la chair avec une cuillère, et mixez-la jusqu'à ce qu'elle soit lisse. Incorporez de la purée au fur et à mesure dans le risotto pour le terminer, sans forcément tout mettre *(voir note)*. Rectifiez l'assaisonnement. Si le risotto est un peu épais, ajoutez un peu de bouillon. Réservez-le sur feu très doux pour qu'il reste chaud jusqu'au service.

Les chips & dressage — Dans une poêle très chaude et sans ajouter de matière grasse, saisissez les tranches de jambon des deux côtés sans qu'elles ne brûlent et réservez sur du papier absorbant.

Servez le risotto dans des assiettes creuses *(toujours!)* avec quelques chips de jambon, de la gremolata, un peu de poivre et quelques copeaux de parmesan et le tour est joué !

Pour 3 à 4 personnes | **Préparation** 20 à 25 min | **Cuisson** 40 min | **Total** 50 à 65 min

PASSION — GREMOLATAS !

Un petit topping herbacé, parfois relevé, qui vient pimper les recettes les plus simples. La gremolata se rapproche du pesto par sa composition, mais sa texture n'est pas mixée. Au couteau, la découpe de chaque ingrédient est maîtrisée séparément, pour que la texture finale soit la plus gourmande possible.

Concassée finement et avec un peu d'huile d'olive, la gremolata est délicieuse tartinée en base de sandwichs (jambon, comté, gremolata, *mamma mia !*), mélangée à des œufs brouillés, des pâtes simples et même du riz au beurre...
Quelques exemples d'utilisations :

- sur n'importe quelle soupe
- sur des pâtes toutes simples
- sur un risotto (viande, fruits de mer...)
- sur de la courge en automne (en gratin ou au four)
- avec n'importe quelle viande ou poisson grillés
- avec un poulet rôti
- en touche finale sur une pizza, une tarte, une quiche

En ajoutant plus ou moins d'huile d'olive au mélange de base, la gremolata devient une marinade idéale pour des viandes, mais aussi pour de la feta ou de la mozzarella. Sur un simple écrasé de pommes de terre, c'est divin.

En y ajoutant un peu de vinaigre et parfois un peu d'huile d'olive, elle devient une vinaigrette originale et très goûtue.

Avec très peu d'huile d'olive et en ajoutant de la chapelure japonaise (appelée « panko »), on obtient une panure originale et savoureuse pour n'importe quel filet de poisson.

Le grand plus de ce condiment est que vous pouvez créer vos propres mélanges, découvrir et marier de nouvelles saveurs. En s'éloignant de la base classique, on peut :

— Remplacer le citron par :
de l'orange, du citron vert, du pamplemousse, du citron confit, des zestes de bergamote...

— Remplacer l'ail par :
de l'échalote, des cébettes hachées finement, des oignons nouveaux...

— Remplacer le persil par :
de la menthe, du basilic, de l'aneth, de la coriandre, du romarin, du thym, de la roquette, de la sauge, de l'estragon...

— Pourquoi ne pas essayer d'ajouter :
des olives, des anchois, des câpres, des cacahuètes, des raisins secs, du fromage dur comme le parmesan, des morceaux de fruits secs (abricot, figues, cranberries), les fanes de certains légumes, du piment frais ou sec, un peu de jus et pas seulement le zeste, des miettes de pain grillé, quelques gouttes de vinaigre...

SUGGESTIONS

Estragon, persil, noisettes, citron & ail
Délicieux sur une salade de tomates

Roquette, persil, menthe, citrons, ail & pignons

Menthe, ail, noisettes & figues séchées
Délicieux utilisé avec des petits chèvres frais

Persil, menthe, amandes, ail & orange

Aneth, basilic, cébettes, citron & piment
Parfait sur du poisson, cru ou cuit

Coriandre, menthe, citron confit & pignons

Basilic, pignons, zestes d'orange & parmesan

Persil, piment rouge, olives noires, citron & ail
Sur de la burrata ou des fromages très frais

Cacahuètes, coriandre, échalotes, citron vert & ail
Aux accents asiatiques, délicieuse avec du riz, du poisson

Persil, raisins secs, pistaches, ail & zeste de citron

Coriandre, persil, citron, abricots, amandes, ail
Parfaite sur de la viande grillée

Coriandre, gingembre râpé, citron vert, sésame grillé, cébettes hachées & huile de sésame
Aux saveurs asiatiques, elle fait voyager !

LES SECRETS D'UNE BONNE GREMOLATA :

UNE COMPOSANTE FRAÎCHEUR
Herbes fraîches, ne pas hésiter à les mélanger

UNE COMPOSANTE PLUS CORSÉE
Ail, échalote, oignons nouveaux…

UNE COMPOSANTE SAVEUR
Agrumes, citron confit, anchois, câpres…

UNE COMPOSANTE TEXTURE
Noix, noisettes, pignons, raisins secs, amandes…

De l'italien *gremolà* qui veut dire *réduire en grains*, la gremolata est à l'origine un condiment à base de persil plat, d'ail et de zestes de citron à utiliser sur l'osso buco.

FOCUS

VARIANTES —— On peut aussi servir ce bourguignon de façon plus classique et sans rougir, avec une délicieuse purée de pommes de terre *(beurre ET crème, s'il vous plaît)*, de simples pommes de terre vapeur, ou des petites pâtes au beurre, comme des coquillettes. Régression garantie et surtout les restes seront absolument délicieux, pour petits et grands.

BŒUF BOURGUIGNON DE MON PAPA & POLENTA AUX AGRUMES —

Servi avec cette originale polenta crémeuse aux agrumes et vos invités vont revenir plus vite que prévus ! Cette recette est encore meilleure lorsqu'elle est préparée la veille.

Pour le bourguignon

2 kg de bœuf à braiser (jumeau, gîte ou/et macreuse) taillés en cubes de 5 à 7 cm

150 g de lardons fumés de chez le boucher

250 g de champignons de Paris, lavés et coupés en 4

1 quinzaine de petits oignons blancs grelots (Picard !)

4 carottes, lavées, coupées en rondelles

1 poireau, lavé, coupé en tronçons de 10 cm

½ branche de céleri, lavée et coupée en petits tronçons

4 à 5 échalotes, ciselées finement

3 gousses d'ail, hachées

2 oignons, émincés

1 bouquet de persil frais (la moitié à garder en tiges, et l'autre à hacher au moment de servir)

4-5 feuilles de laurier

1 belle branche de thym

3 clous de girofle

1 à 2 cuillères à soupe de miel *(de sapin, team Jura ici!)*

3 cuillères à soupe de farine

1 bouteille de vin rouge de Bourgogne (du volnay par exemple)

50 g de beurre

Huile d'olive, sel & poivre du moulin

Pour la polenta aux agrumes

300 g de polenta

2 oranges bio

2 citrons verts bio

1,5 l de lait entier

Un peu de crème liquide

60 g de beurre (voire plus…) + un peu plus pour les segments d'agrumes

Matériel

1 grosse cocotte type Le Creuset® ou Staub® avec un couvercle adapté

Préparation — Avec de la ficelle de cuisine, formez 2-3 petits bouquets avec le poireau et les tiges de la demie botte de persil. Dans la cocotte, faites chauffer l'huile et le beurre sur feu moyen et saisissez la viande pour bien la colorer sans qu'elle ne brûle. Ajoutez les lardons et faites revenir 3 à 5 minutes, puis les oignons, les échalotes, les oignons grelots et l'ail et faites revenir 3 minutes. Salez, poivrez et ajoutez le miel. Parsemez la farine sur tout le mélange et faites revenir en remuant, 2 minutes à feu vif. Mouillez le tout avec les trois quarts de la bouteille de vin et laissez revenir à une petite ébullition pendant 5 minutes. Puis, ajoutez les carottes, le céleri, les bouquets de poireau/persil, le thym, le laurier, les clous de girofle dans la cocotte, salez, poivrez et laissez mijoter (couvercle fermé) à feu moyen pendant 20 minutes en remuant de temps en temps.

Faites revenir les champignons à feu moyen/vif dans une poêle avec 25 g de beurre et ajoutez-les dans la cocotte. Versez le reste de la bouteille de vin et, si besoin, complétez avec de l'eau pour couvrir la viande. Laissez-la mijoter pendant minimum 2 heures (ou plus si vous voulez) à feu moyen avec le couvercle légèrement ouvert, puis laissez refroidir à température ambiante. Préparez la polenta juste avant le service.

La polenta aux agrumes — Zestez les oranges dans un bol et les citrons verts dans un autre. Taillez les agrumes pour enlever la peau blanche et prélevez des segments de pulpe. Réservez quelques segments pour le dressage et dans une poêle, faites fondre une (belle) noix de beurre et poêlez doucement le reste des segments, puis ajoutez un peu de zestes (d'orange et de citron vert), laissez infuser et réservez.

Dans une grande casserole, faites chauffer le lait et ajoutez la polenta en pluie, en remuant vigoureusement pour anticiper les grumeaux. Baisser le feu et incorporez au fur et à mesure les deux tiers des segments poêlés (ajustez la quantité en goûtant, selon l'intensité désirée). Ajoutez de la crème et les 60 g de beurre pour atteindre une consistance crémeuse. Goûtez et rectifiez l'assaisonnement. Relancez la cuisson à feu moyen sous le bourguignon, vérifiez et rectifiez l'assaisonnement quand il est chaud. Directement dans la cocotte, parsemez avec le persil frais restant haché finement et servez bien chaud, dans des assiettes creuses, avec de la polenta fondante aux agrumes et quelques segments d'agrumes restants *(voir les variantes d'accompagnement).*

Pour 6 à 8 personnes | **Préparation** 35 min | **Cuisson** 2 bonnes heures | **Total** 2 heures 30 min environ

POULET RÔTI ET ENTIÈREMENT PANÉ, — POTATOES AUX ÉPICES

Pour le poulet

1 beau poulet à rôtir

Environ 100 g de beurre à température ambiante

Un reste de gremolata ou un mélange d'herbes fraîches hachées

1 citron coupé en 4

4 gousses d'ail non pelées

1 œuf battu

Une quantité généreuse de chapelure panko

Pour les potatoes

Environ 2 kilos de pommes de terre à chair ferme, lavées
On peut ajuster cette quantité en fonction des appétits

Du mélange **Country Potatoes** de chez Nomie
ou un mélange des ingrédients suivants : ail séché, curcuma, graines de nigelle, cumin et graines de fenouil

Dosez les quantités librement, si vous voulez des potatoes au goût d'épices prononcé ou pas

Un peu d'huile d'olive

Pour la sauce

2 pots de yaourt à la grecque de 125 g

Un peu de crème fraîche épaisse (facultatif, c'est pour la touche indécente, mais on peut s'en sortir avec juste du yaourt)

Des herbes fraîches
(menthe, coriandre, ciboulette, estragon, aneth... au choix)

1 gousse d'ail bien fraîche

Un peu de jus de citron

Un peu d'huile d'olive

Du sel et une quantité généreuse de poivre du moulin

Matériel

Un grand plat allant au four qui peut contenir le poulet et les pommes de terre, ou une plaque allant au four un peu creuse

Préparation du poulet — Préchauffez le four à 190 °C (th. 6-7). Dans un grand plat allant au four, installez le poulet et à l'intérieur, mettez le citron coupé en quatre, du sel et les gousses d'ail.

Mélangez le reste de gremolata ou les herbes fraîches hachées au beurre à température ambiante et étalez-le partout sur la volaille. Enfournez le poulet pour 1 heure en le retournant de temps en temps. Sortez ensuite la volaille et débarrassez-la sur une planche de découpe pour qu'elle refroidisse un peu avant la panure. Dans le même plat, préparez les potatoes.

Les potatoes & la sauce — Coupez les pommes de terre en deux dans la longueur, puis coupez des morceaux pour former des potatoes. Dans le plat du poulet, mélangez-les avec quelques cuillères à soupe du mélange **Country Potatoes** de Nomie, ou de votre propre mélange, en ajoutant un peu d'huile d'olive si nécessaire, pour qu'elles soient enrobées. Remettez le plat au four pour 15 à 20 minutes et remuez de temps en temps.

Préparez la sauce en ciselant finement toutes les herbes choisies et en les mélangeant au yaourt à la grecque et à la crème fraîche, avec la gousse d'ail râpée à la râpe microplane et un peu de jus de citron. Goûtez, rectifiez l'assaisonnement et réservez au frais.

Finition et service — Quand le poulet est refroidi et manipulable, avec un pinceau de cuisine, badigeonnez-le avec l'œuf battu un peu partout. Répartissez le panko sur toute la surface du poulet, puis remettez le poulet au four au milieu des potatoes et poursuivez la cuisson 30 à 40 minutes en fonction de la taille de la volaille. Ne retournez pas le poulet pané, sinon la panure ne tiendra pas. Servez chaud, avec les potatoes, la petite sauce et un petit mesclun bien assaisonné à côté.

Pour 5 personnes | **Préparation** 20 min | **Cuisson** 1 heure 30 min | **Total** 2 bonnes heures

UN POULET = DES RESTES !

Un poulet rôti = plusieurs repas délicieux & simples en 2 temps 3 mouvements !

Parfait pour improviser des recettes les jours d'après. N'oubliez pas la carcasse pour faire un délicieux bouillon, ou congelez-la pour vous en occuper plus tard.

Club Sandwich

Étalez de la mayonnaise maison aux herbes sur des tranches de pain de mie grillé, ajoutez quelques tranches de bacon grillé à la poêle, ainsi que quelques lamelles d'avocat. Sur un autre étage du sandwich, disposez 1 tranche de tomate généreuse *(la saler, toujours)*, le poulet restant en morceaux, que l'on peut réchauffer au préalable dans une casserole dans son jus pour qu'il soit moelleux. Ajoutez dans le sandwich des lamelles de comté, de la salade et un œuf dur en tranches. Coupez le sandwich en 4 et servez avec des chips et/ou une salade.

Assiette au poulet, avocat, riz complet, mesclun & salsa mangue/coriandre

Prévoyez 1 verre de riz complet cru pour 2 personnes, le cuire et réservez. Dans un bol, assaisonnez un peu de mesclun avec de l'huile d'olive du jus de citron vert, sel & poivre puis par dessus ajoutez le riz, le poulet (chaud ou froid), ½ avocat par personne, et une *salsa* à base de mangue en petits dés, oignon rouge en dés et coriandre ciselée, le tout lié à l'huile d'olive et au citron.

Quesadillas au poulet effiloché, cheddar, crème à la coriandre, cébettes & *guac'*

Dans une poêle, faites chauffer le poulet avec le reste du jus, quelques épices (cumin, gingembre, paprika...), ajoutez un peu de coulis de tomates, des cébettes ciselées et des herbes fraîches. Laissez Salez, goûtez, rectifiez et débarrassez dans une assiette. Essuyez rapidement la poêle avec un essuie-tout et déposez une tortilla de blé de la taille de la poêle dans un peu de beurre ou d'huile. Parsemez la moitié avec du cheddar râpé, ajoutez quelques cuillères du mélange au poulet, puis repliez la tortilla sur elle même pour enfermer le tout. Au bout d'un moment, retournez la quesadilla et laissez-la dorer de l'autre côté. Servez avec une cuillère de crème fraîche mixée avec de la coriandre, un quartier de citron vert et pourquoi pas un peu de guacamole et de coriandre fraîche.

Un poulet rôti, c'est tellement de repas assurés derrière. Entre le bouillon fait avec la carcasse, la viande et le jus récupéré, il y a de quoi faire ! Rapide et simple et anti-gâchis!

Riz sauté au poulet et aux légumes

Cette recette permet aussi d'utiliser un reste de riz déjà cuit. Mélangez le riz cuit avec le jaune d'un œuf et réservez. Dans une poêle, à feu vif, dans un peu d'huile neutre, faites revenir 1 échalote ciselée avec du gingembre émincé finement. Ajoutez progressivement des légumes en petits morceaux en fonction de leur temps de cuisson, du plus long au plus court. D'abord de la carotte en petits morceaux, puis des brocolis et des poivrons. Ajoutez le blanc d'œuf en remuant constamment pour faire de petits morceaux, ajoutez le reste de poulet, remuez et ajoutez le riz. Versez un peu de sauce soja, des cébettes hachées finement, 1 cuillère à café ou 2 d'huile de sésame et quelques graines de sésame grillé avant de servir.

Fajitas au poulet, poivrons & haricots rouges

Dans une grande poêle, faites revenir à feu vif dans de l'huile d'olive, 1 oignon rouge émincé, 1 poivron rouge et quelques épices (cumin, paprika, curcuma, gingembre). Quand c'est bien grillé et cuit, ajoutez le poulet en morceaux, ½ conserve de haricots rouges (lavés et rincés), un petit peu de concentré de tomate dilué dans quelques cuillères à soupe d'eau et un peu de coriandre fraîche ciselée. Laissez revenir quelques minutes. Réchauffez quelques tortillas de blé et servez les fajitas avec du citron vert, de la coriandre fraîche, et un peu de feta émiettée.

Salade caesar au citron confit, parmesan & bacon

Préparez la sauce caesar avec un mixeur plongeant : 1 jaune d'œuf, 1 ou 2 anchois à l'huile, 1 pincée de piment d'espelette, 1 petite gousse d'ail, ajoutez de l'huile d'olive (ou neutre), mixez, puis ajoutez un peu de vinaigre de Xérès ainsi qu'un peu de parmesan râpé et un petit bout de citron confit pour le twist. Ajustez la texture avec 1 cuillère à soupe d'eau si jamais. Servez sur de la salade fraîche, avec le poulet, des croûtons, du parmesan, ainsi que du bacon grillé.

Banh Mi

Préparez quelques pickles rapides : dans une petite casserole, chauffer ¼ de verre de vinaigre de riz mélangé à 1 cuillère à café de sucre, 1 échalote ciselée et 1 pincée de sel. Versez le mélange chaud sur ¼ de concombre et ½ carotte coupés en fins bâtonnets dans un bol, mélangez et laissez reposer. Faites revenir le poulet à la poêle en ajoutant un peu de sauce soja et juste avant de couper le feu, un peu d'huile de sésame. Dans une demie baguette, tartinez de la mayonnaise maison mélangée à de la sauce sriracha et un peu de jus et de zeste de citron vert, puis déposez le poulet, quelques pickles, des tiges entières de coriandre et de menthe, ainsi que quelques feuilles de salade. Dégustez sans tarder !

Bricks au poulet et aux raisins secs

Dans une grande poêle, faites revenir quelques échalotes ciselées et 2 gousses d'ail hachées dans un peu d'huile d'olive, avec un peu de curcuma, de gingembre en poudre, de cannelle et de safran. Ajoutez un peu d'eau pour aider à confire. Ajoutez le poulet en petits morceaux avec un peu de sel, quelques pignons de pin grillés, quelques raisins secs et de la coriandre fraîche. Goûtez et rectifiez le goût. Façonnez les bricks en triangles *(regardez un tuto vidéo au cas où)* et saisir les bricks en plusieurs fois dans une poêle avec un fond d'huile d'olive pour qu'elles soient bien grillées. Dégustez-les tièdes avec une salade.

100 %
ANTI-GASPI

PASSION PASTA —

En soir de semaine, ou le week-end, avec ou sans invités, faire des pâtes ne signifie pas systématiquement coquillettes/jambon *(et même si c'était le cas, c'est délicieux !).*

Faites maison ou pas, avec ou sans matériel, la *pasta* met tout le monde d'accord ! Chapitre avec plein d'astuces pour tous les niveaux de cuisine !

— PÂTES AUX TOMATES CERISES CONFITES & MIETTES CITRONNÉES

Confites, craquantes, citronnées… Cette recette rassemble goût & texture pour donner une assiette explosive & addictive ! Parfaite pour un soir d'été.

Ingrédients

500 g de pâtes *(n'importe quelle forme, mais pas n'importe quelle marque bien sûr ! De Cecco, Rummo, La Molisana…)*

800 g de tomates cerises multicolores (ou pas), lavées

60 à 80 g de pain rassis, détaillé en 2 belles poignées de croûtons *ou* de panko

60 à 90 g de parmesan râpé

1 citron bio non traité, pour le zeste

2 ou 3 gousses d'ail, pelées mais entières

1 oignon rouge ou jaune (ou 3 échalotes), émincé

1 botte de basilic frais, ciselée grossièrement *(les feuilles et les tiges tendres du haut)*

Du thym frais, ou secs

1 cuillère à café d'origan séché ou frais

Quelques flocons de piment, ou du piment d'Espelette

Un fond de bouteille de vin blanc *(facultatif mais délicieux !)*

60 ml d'huile d'olive vierge extra *(voire un peu plus, mais qui suis-je pour juger ?)*

Les miettes — Si le pain n'est pas assez sec/rassis, faites-le sécher au four comme des croûtons, à 200 °C (th. 6-7) avec un peu d'huile d'olive, 10-15 minutes, en remuant plusieurs fois. Ensuite, quand il a refroidi, mixez-le pour faire des miettes grossières.

Dans une poêle, faites chauffer 2 cuillères à soupe d'huile d'olive et quelques flocons de piment et toastez les miettes (ou le panko) jusqu'à ce que ce soit bien doré. Débarrassez-le tout dans un plat et zestez le citron au-dessus des miettes encore tièdes *(vous sentez l'odeur ?)*. Mélangez bien et réservez.

Les tomates — Préchauffez le four à 200 °C (th. 6-7). Sur une plaque allant au four (ou dans un plat pouvant contenir 800 g de tomates quand même), déposez les tomates cerises, l'oignon émincé, l'huile d'olive, l'origan, le thym, les gousses d'ail pelées et le vin blanc, et mélangez pour que les tomates soient bien enrobées.

Si cela paraît un peu juste en huile d'olive *(on veut quand même que ce soit confit, donc ça n'arrive pas sans une petite aide)*, n'hésitez pas à en ajouter un peu plus. Salez, poivrez et enfournez. Laissez cuire les tomates jusqu'à ce que certaines commencent à être bien grillées à certains endroits. Les tomates vont éclater et libérer du jus pour se mélanger avec l'huile d'olive et le vin pour confire tranquillement. Une vraie poésie quoi ! Globalement, ça peut durer entre 15 et 30 minutes. Remuez de temps en temps et si le mélange a l'air sec, ajoutez un peu d'huile d'olive — *on n'est plus à ça près !*

Les pâtes — Pendant ce temps et dans un grand volume d'eau bien salée, faites cuire les pâtes selon le temps de cuisson indiqué pour qu'elles soient *al dente* et avant de les égoutter, réservez un verre d'eau de cuisson. Remettez les pâtes dans la casserole puis versez le contenu entier de la plaque/du plat du four dans les pâtes — *sans vous brûler* — avec tout le jus. Mélangez, ajoutez le parmesan râpé, la moitié du basilic ciselé et remuez sur feu vif pour que les pâtes s'imprègnent du mélange. Si l'ensemble paraît manquer de sauce, ajoutez un peu d'eau de cuisson et continuez de remuer sur feu vif pour que la liaison opère entre la sauce et la *pasta*.

Service ! — Servez des portions bien généreuses dans des assiettes creuses *(assiettes creuses = portions généreuses)*, ajoutez quelques cuillères de miettes citronnées et le reste du basilic ciselé ainsi que quelques tours de moulin à poivre et servez bien chaud !

Pour 4 personnes | **Préparation** 20 min | **Cuisson** 15 à 30 min | **Total** 50 min maximum

PESTO TRÈS VERT AU CHOU TOSCAN* MIETTES CITRON / NOISETTES — & STRACIATELLA

Un pesto original, d'un vert vibrant, au goût prononcé et corsé, qui séduira petits et grands, surtout en servant cette assiette avec de la straciatella !

Pour le pesto

200 g de chou noir de Toscane, aussi appelé *chou kale lacinato* ou *dino-kale*, sans les tiges

2 gousses d'ail, pelées

30 g de parmesan

1 citron (tout le zeste et tout le jus)

40 ml d'huile d'olive

20 g de beurre

40 g d'amandes ou de noisettes

Un peu d'eau de cuisson des pâtes pour ajuster la texture du pesto

** Si le chou toscan n'est plus de saison, ou introuvable, on peut le remplacer par un mélange de chou kale classique (150 g) et d'épinards (50 g)*

Pour les miettes

Quelques cuillères à soupe de pain rassis mixé, ou de panko

Quelques cuillères à soupe d'huile d'olive

Les zestes d' ½ citron

Un peu de thym, frais ou sec

Quelques noisettes grillées concassées

Pour servir

Des pâtes au choix, par personne : compter 100 à 120 g de pâtes sèches et 150 à 180 g de pâtes fraîches

Personnellement, pour cette quantité de sauce, j'aurais tendance à préparer directement 400 à 500 g de pâtes sèches, car les restes se conservent parfaitement bien

Un peu de straciatella *(le cœur fondant de la mozzarella)*

Les miettes — Dans une poêle, faites chauffer 2 à 3 cuillères à soupe d'huile d'olive et toastez les miettes ou le panko avec un peu de thym jusqu'à ce qu'elles soient bien dorées. Débarrassez-les dans un plat et zestez le citron au-dessus des miettes encore tièdes. Mélangez bien pour que les saveurs s'imprègnent et réservez.

Les miettes — Dans une grande casserole *(la même qui servira à cuire la pasta)*, faites bouillir un grand volume d'eau salée et ajoutez le chou toscan, l'ail et les amandes (ou les noisettes) et laissez cuire 5 minutes. Avec une écumoire et sans jeter l'eau dans l'évier, débarrassez les ingrédients dans un blender ou dans un verre doseur.

Lancez la cuisson des pâtes dans cette même eau et mixez le pesto pendant ce temps en ajoutant le reste des ingrédients : le parmesan, le zeste et le jus de citron, l'huile d'olive et le beurre. En cours de route — *et à la fin de la cuisson des pâtes* — prélevez un peu d'eau de cuisson amidonnée pour ajuster la texture du pesto.

Cuisson et service — Faites cuire les pâtes selon le temps indiqué pour qu'elles soient *al dente* et avant de les égoutter, réservez un verre d'eau de cuisson. Remettez les pâtes dans la casserole, et versez une grosse partie du pesto par-dessus, pas mais tout. Ajustez avec un peu d'eau de cuisson et remuez les pâtes à feu vif pour que la liaison opère entre la sauce et la pasta. Si nécessaire, ajoutez plus de pesto, sinon gardez-le au frais pour un futur repas.

Servez de belles portions généreuses dans des assiettes creuses, ajoutez quelques miettes citronnées aux noisettes et de la straciatella froide et fondante, ainsi que quelques tours de moulin à poivre. Servez tout de suite et régalez-vous !

Pour 4 à 5 personnes | **Préparation** 20 min | **Cuisson** le temps des pâtes | **Total** 30 min maximum

PICI MAISON — SAUCE TOMATE AU BEURRE ET À L'OIGNON

Encore un succès connu grâce à Marcella Hazan*. Il ne faut pas juger cette sauce avant de la goûter, elle est si bonne : on la mangerait presque à la petite cuillère. Quant aux pici (on dit aussi *pinci*), ce sont des spaghettis roulés à la main, originaires de Toscane. Faciles à réaliser et aucun matériel spécifique nécessaire.

Pour les pici

300 g de farine 00
120 ml d'eau tiède environ
1 pincée de sel
Un peu d'huile d'olive

Pour la sauce

250 g de tomates en conserves de très bonne qualité
40 g de beurre
1 petit oignon blanc ou jaune, pelé et coupé en deux
Du sel & quelques tours de moulin à poivre

NOTE ZÉRO GÂCHIS — Ce petit oignon sorti de la sauce, il est gorgé de sauce et confit au beurre, c'est une merveille. Ciselez-le finement et ajoutez-lui 2 œufs battus, un peu de parmesan et de poivre, pour un petit déjeuner de folie.

*** MARCELLA HAZAN** — Italienne de naissance, elle est partie vivre aux États-Unis avec son mari, où elle a appris à cuisiner et fait connaître la cuisine de son pays natal.

Elle y est devenue la doyenne de la cuisine italienne, et son héritage est indescriptiblement gourmand. Son livre **The Essentials of Classic Italian Cooking** fait 700 pages, sans aucune photo et parmi tous les livres de cuisine que je possède, c'est un des plus gourmands.

La sauce — **Préparation** 5 min | **Cuisson** 45 min

Dans une casserole, mettez tous les ingrédients à chauffer à feu moyen pendant 45 minutes sans couvercle. À ce stade, une couche de gras (le beurre) est nette au dessus de la sauce, c'est normal — *et absolument délicieux*. Remuez de temps en temps. Si la sauce est faite à partir de tomates entières pelées, écrasez-les avec une cuillère en bois. Goûtez la sauce, rectifiez l'assaisonnement, retirez l'oignon *(voir note)* et réservez jusqu'à utilisation.

Les pici — **Préparation** 45 min | **Cuisson** 5 min

Dans un saladier ou sur le plan de travail, creusez un petit puits dans la farine et versez l'eau au centre avec une petite cuillère à soupe d'huile d'olive ainsi qu'une pincée généreuse de sel fin. Avec les mains, incorporez l'eau à la farine progressivement, puis pétrissez énergiquement la pâte pendant une dizaine de minutes jusqu'à ce qu'elle soit bien lisse, homogène et souple au toucher. Laissez-la reposer pendant 30 minutes, couverte d'un tissu.

Étalez-la en visant une épaisseur d'environ 3 à 5 mm, farinez-la légèrement et enroulez-la sur elle-même comme un escargot. Découpez quelques rondelles de 1 à 1,5 cm de large, déroulez-les et étalez les lanières sur un plan de travail idéalement en bois, une grande planche de cuisine fera l'affaire. Le bois accroche un peu la pâte quand on roule le pici et aide à lui donner sa forme, il ne faut pas trop le fariner car ils seront trop difficiles à rouler. La pâte est normalement agréable à travailler grâce à l'huile d'olive dedans. Étirez un peu chaque pici en le retenant avec la main gauche et en le frottant contre le bois avec la paume de l'autre main. Vous pouvez regarder un tutoriel vidéo sur internet :) ! Déposez chaque pici dans un plat couvert de semoule fine, puis couvrez avec un torchon avant de passer à la cuisson. Répétez ce processus pour toute la pâte. Prévoyez plusieurs plats pour ne pas les entasser.

Cuisson — Faites cuire les pici en plusieurs fois dans de l'eau bouillante bien salée pendant 5 minutes. Goûtez-en un bout, on veut qu'ils soient *al dente*. Réservez un peu d'eau de cuisson.

***Mantecatura* et dégustation** — La *mantecatura* fait référence à la fin de la cuisson des pâtes directement dans la sauce. Versez la sauce tomate dans une grande poêle et ajoutez les pici cuits, ainsi qu'un filet d'eau de cuisson et à feu relativement vif, remuez constamment jusqu'à ce que la magie opère entre l'amidon des pici *(et de l'eau de cuisson)* et la sauce tomate. Les pici vont s'imprégner de la sauce et finir de cuire pour atteindre une texture optimale. Servez chaud !

NOTE DE SAISON — Vous pouvez réaliser cette sauce avec des tomates fraîches. Prévoyez plus de tomates (environ 400 g) et prenez le temps de les peler. C'est une étape qui joue fortement sur la texture finale de la sauce.

Pour 2 à 3 personnes
Si tout est préparé en même temps | **Préparation** 45 min | **Cuisson** 50 min | **Temps total** 1 heure 30 maximum

COMME UNE FAUSSE BOLO —CHAMPIGNONS, NOIX & MISO

Je n'ai pas voulu l'appeler *bolo végétarienne* car à part sa texture réconfortante & gourmande, ça n'en est pas une. L'ajout du miso donne aussi beaucoup de relief au plat.

Pour la sauce

300 g de champignons de Paris bruns, ou un mélange de champignons variés

1 branche de céleri, coupée en dés

1 petite carotte, coupée en dés

125 g de noix, hachées grossièrement

1 cuillère à soupe de miso (blanc, brun ou rouge)

2 gousses d'ail, émincées finement

1 petit oignon coupé en dés

1 cuillère à soupe de concentré de tomates

2 feuilles de laurier

Quelques branches de thym frais

3 à 4 cuillères à soupe d'huile d'olive

200 ml de coulis de tomates, voire plus ensuite

100 ml de vin rouge

Sel, poivre du moulin et un peu de piment fumé

Pour servir

Des pâtes au choix, par personne : compter 100 à 120 g de pâtes sèches et 150 à 180 g de pâtes fraîches

Personnellement, pour cette quantité de sauce, j'aurais tendance à préparer directement 400 g de pâtes sèches

Du parmesan fraîchement râpé

Quelques pignons de pin grillés

Un peu de basilic ciselé

NOTE —— Lorsque c'est la saison, n'hésitez pas à utiliser une grande variété de champignons différents. Girolles, trompettes, cèpes etc.

Préparation — Dans une cocotte, faites revenir l'oignon avec le céleri et la carotte dans de l'huile d'olive pendant 5 à 10 minutes, le temps que les légumes cuisent un peu. Salez, poivrez un peu. Nettoyez et hachez grossièrement les champignons au couteau *(pas au robot, car ils risquent de se transformer en purée)* et ajoutez-les dans la cocotte avec les noix et les feuilles de laurier et le thym frais.

Laissez cuire quelques minutes en remuant *(les champignons vont relâcher de l'eau)* attendez qu'elle se soit un peu évaporée avant d'ajouter l'ail émincé ainsi que le miso et le concentré de tomates, et remuez à nouveau pour que les légumes soient bien enrobés de tout ce mélange.

Pour 3 personnes | **Préparation** 20 min | **Cuisson** 30 min à 1 heure | **Total** 1 heure 30 min maximum

Au bout de 10 minutes, ajoutez le vin rouge pour déglacer la cocotte et les petites parties grillées au fond et laissez-le s'évaporer tranquillement avant d'ajouter le coulis de tomates, et 1 pincée de piment fumé. Remuez bien et laissez cuire à feu doux pendant 30 minutes à 1 heure, avec un couvercle en biais sur la cocotte, en ajustant de temps en temps la texture avec un peu d'eau chaude si ça réduit trop vite.

Finition & service — Mettez à chauffer une grande casserole d'eau bien salée. Faites cuire les pâtes selon le temps de cuisson indiqué pour qu'elles soient *al dente* et avant de les égoutter, réservez un verre de l'eau de cuisson.

Versez directement les pâtes égouttées dans la casserole de la sauce, ajoutez un peu d'eau de cuisson et mettez la casserole sur un feu relativement vif pour que la liaison opère entre la sauce et la *pasta*.

Servez dans des assiettes creuses et finissez chaque assiette avec une quantité libre de parmesan fraîchement râpé, quelques pignons de pin grillés et du basilic ciselé.

GNOCCHETTIS — BEHIND THE SCENES

TEAM MARION & MARION

À deux, cette étape prend 20 minutes, mais à quatre, à peine 10 minutes. Joignez l'utile à l'agréable en gardant un verre de vin, *ou deux* à proximité !

GNOCCHETTIS AU SEIGLE — CRÈME AU CITRON CONFIT, BROCCOLINI, CHORIZO & AMANDES

Passion gnocchettis avec mon amie cheffe Marion Degeorges. On adore cette forme et on la mange à toutes les sauces. La pâte est super agréable à travailler et il n'y a aucun matériel particulier requis. Le seigle donne un petit goût qui se marie très bien avec le reste des ingrédients !

Pour les gnocchettis

360 g de ricotta
1 œuf
300 g de farine 00 (ou T55 s'il n'y a que ça)
150 g de farine de seigle
4 cuillères à soupe de lait (ou le petit-lait de la ricotta)
2 cuillères à soupe d'huile d'olive
1 cuillère à café de sel

NOTE — On peut préparer la pâte à gnocchettis la veille, la texture sera encore plus agréable à travailler.

Pour la garniture

300 g de broccolinis ou de brocolis, en morceaux de taille moyenne
150 g de chorizo fort, détaillé en allumettes moyennes
1 petit citron confit (la chair dans la sauce et l'écorce pour le dressage)
2 belles poignées d'amandes grillées (environ 100 g)
1 pot de 25 cl de crème fleurette
Du sel et du poivre du moulin

VARIANTES — En fonction des saisons, on peut remplacer les broccolinis par des cubes de butternut rôtis, ou même du chou-fleur vapeur, des carottes rôties, des petits pois, des haricots verts, etc. *Qu'est-ce qui pourrait ne pas se marier avec de la crème et du chorizo ?!*

Les gnocchettis — Dans la cuve d'un robot muni d'un crochet pétrin, ou à la main, mélangez les ingrédients jusqu'à obtenir une pâte homogène. Finissez de la pétrir sur le plan de travail jusqu'à ce qu'elle soit lisse et souple. Couvrez et laissez reposer environ 2 heures à température ambiante ou la préparer la veille *(voir note).*

Sur un plan de travail fariné, étalez la pâte sur 2 cm d'épaisseur. Coupez des bandes de 1,5 cm de large et roulez-les pour former de longs boudins. Détaillez des morceaux de 2 cm de long sur chaque boudin et passez chaque gnocchetti sur une plaque à gnocchis ou sur l'arrière d'une fourchette en appuyant délicatement pour que le gnocchetti s'enroule sur lui-même en prenant une jolie forme. Laissez les gnocchettis sur le plan de travail fariné au fur et à mesure. *Vous pouvez regarder un tuto vidéo pour ne pas relire ce paragraphe six fois ! :)* À 2, cette étape peut prendre 20 minutes, mais à 4, à peine 10 minutes. Joignez l'utile à l'agréable avec un verre de vin à proximité.

La garniture — Faites blanchir les broccolinis pendant 3 à 4 minutes dans de l'eau bouillante salée et débarrassez-les dans de l'eau glacée. Mixez la crème avec seulement la chair du citron confit pour obtenir une crème lisse. Dans une poêle *(qui contiendra à la fin, tous les gnocchettis)* saisissez les allumettes de chorizo jusqu'à ce qu'elles soient bien grillées et réservez-le. Versez la crème citronnée dans la poêle sans la nettoyer et laissez chauffer à feu très doux *(il ne faut pas que la crème tranche !).* Rectifiez l'assaisonnement *(attention au sel, car le chorizo et le citron confit sont déjà bien salés).*

Finition — Faites cuire les gnocchettis dans une grande casserole d'eau salée *(en plusieurs fois peut-être).* Ils flottent = ils sont cuits ! Transférez-les directement dans la crème chaude avec une écumoire. Quand tous les gnocchettis sont dans la sauce, augmentez le feu et ajoutez éventuellement une petite louche d'eau de cuisson pour ajuster la texture et créer une belle sauce nappante. Ajoutez la moitié des broccolinis dans cette poêle pour les réchauffer, puis dressez le tout dans un joli plat de service en alternant plusieurs cuillères de gnocchettis, quelques broccolinis, un peu de chorizo, etc., en répétant les couches jusqu'à avoir tout dressé. Finissez avec les amandes grillées concassées et l'écorce du citron confit ciselée finement. Servez bien chaud !

Pour 4 personnes | **Préparation** 60 min | **Cuisson** 3 à 5 min (pour les gnocchettis) | **Total** 1 bonne heure

— PASTA LIMONE MIETTES MENTHE & PIGNONS

1 CITRON = 1 PERSONNE
Cette recette est parfaite les soirs de flemme et on peut l'adapter pour 3 ou 4 personnes facilement !

Pour les pâtes

100 à 120 g de pâtes sèches au choix
40 g de parmesan fraîchement râpé
1 citron bio
1 pincée de flocons de piment
Sel, poivre du moulin

Pour les miettes

Un peu de chapelure panko
Quelques pignons de pin
De l'origan frais
Quelques tiges de menthe fraîche

BON À SAVOIR —— Cette recette est aussi très bonne et très intéressante à réaliser avec de l'orange.

Pour les miettes — Faites revenir dans une petite poêle 2 cuillères à soupe de panko et quelques pignons de pin dans 2 cuillères à soupe d'huile d'olive jusqu'à ce que l'ensemble soit bien doré.

Versez les miettes dans une assiette creuse et zestez un tout petit peu du zeste du citron prévu pour la suite, un peu de sel et de poivre. Vous ajouterez les herbes ciselées à la toute fin pour ne pas qu'elles noircissent sous l'effet de la chaleur.

Pour la *pasta* — Dans un grand volume d'eau salée, lancez la cuisson des pâtes et arrêtez-les 2 minutes avant qu'elles soient *al dente*. Dans une poêle à côté, qui contiendra les pâtes ensuite, versez une louche d'eau de cuisson, infusez le zeste du citron en larges bandes (prélevez-le avec un économe) avec 1 pincée de flocons de piment, laissez réduire et infuser en maintenant une petite ébullition tranquille. Quand les pâtes sont cuites, transvasez-les directement de l'eau de cuisson jusqu'à la poêle. Réservez un peu d'eau de cuisson.

Remuez pour continuer la cuisson des pâtes, à feu vif, en ajoutant une partie du jus de citron (vous n'aurez peut-être pas besoin de tout mettre, cela dépend des citrons). Quand le liquide a bien réduit, baissez le feu, ajoutez le parmesan râpé finement et s'il faut l'aider à fondre, ajoutez un petit peu d'eau de cuisson en remuant constamment jusqu'à ce que tout soit bien incorporé.

Goûtez, rectifiez l'assaisonnement, enlevez les zestes de citron avant de servir. Servez dans des assiettes creuses et ajoutez les herbes ciselées dans les miettes avant de parsemer le tout sur les pâtes au citron bien chaudes.

Pour 1 personne | **Préparation** 10 min | **Cuisson** le temps des pâtes | **Total** 15 à 20 min maximum

FOCUS — PESTOOOOS !

Quand on dit pesto, on pense souvent basilic. Mais c'est un moyen de recycler des herbes, des fruits secs et d'autres ingrédients.

Vibrants, aux goûts et aux couleurs prononcés, les pestos ne sont pas faits que pour des pâtes...

Voici quelques associations qui marchent très bien. Il n'y a pas de grammage précis pour toutes les recettes car il faut expérimenter et trouver ce qui marche pour vous.

PERSIL & NOISETTES

½ bouquet de persil plat (juste les feuilles) lavées et essorées
Des noisettes grillées
Du parmesan
½ gousse d'ail
De l'huile d'olive, du sel, du poivre et un peu de piment

Au mixeur, mixez les ingrédients et ajoutez l'huile en filet jusqu'à obtenir la consistance désirée. Goûtez et rectifiez.

TOMATES CRUES & AMANDES

Pesto qui ne contient pas de fromage — *quelle hérésie !*
400 g de bonnes tomates variées (cerise, grappes, de saison)
60 g d'amandes pelées et grillées
2 gousses d'ail
½ bouquet de basilic frais, sans les tiges
De l'huile d'olive, du sel, du poivre et un peu de piment

Mixez l'ensemble des ingrédients pour obtenir une consistance un peu texturée, pas trop mixée. Ajustez l'assaisonnement et servez avec des pâtes ou en tartinade.

ROQUETTE & PIGNONS

35 g environ de pignons grillés
2 belles poignées (ou plus) de roquette
½ citron, pour son jus et un peu de zeste *(à ajuster)*
2 gousses d'ail
De l'huile d'olive, du sel, du poivre et un peu de piment

Mixez les ingrédients ensemble en ajustant les quantités jusqu'à obtenir le meilleur rapport goût/texture. Petite note : diluez-le avec un peu d'eau de cuisson si vous l'utilisez dans des pâtes. Sinon, c'est une très bonne base de vinaigrette en ajoutant un peu plus d'huile d'olive et un peu de vinaigre.

MENTHE & PISTACHES

2 poignées de pistaches décortiquées, salées
½ bouquet de menthe fraîche (les feuilles)
1 gousse d'ail
Un peu de jus de citron
De l'huile d'olive, du sel, du poivre et un peu de piment

AIL DES OURS ET ASPERGES VERTES

1 botte d'asperges vertes, cuites et tendres
2 belles poignées de feuilles d'ail des ours
1 anchois (facultatif)
Du parmesan
Des pignons de pins grillés
Du jus de citron
De l'huile d'olive, du sel, du poivre

Mixez les asperges avec le reste des ingrédients jusqu'à obtenir la consistance désirée. Ajustez le jus de citron en goûtant. Diluez-le avec un peu d'eau de cuisson pour le servir avec une pasta.

POIVRONS ROUGES RÔTIS, CHÈVRE & NOIX

2 poivrons rouges
1 poignée de noix grillées
½ boîte de chèvre frais (comme du Petit Billy®)
1 ou 2 anchois
1 gousse d'ail
De l'huile d'olive, du sel, du poivre

Faites rôtir les poivrons en entier dans un four à 200 °C jusqu'à ce qu'ils noircissent un peu. Laissez-les refroidir en les couvrant, jusqu'à ce qu'ils soient manipulables. Les peler, enlevez les pépins et gardez la chair. Mixez-la avec les noix, les anchois, l'ail et ajustez avec un filet d'huile d'olive jusqu'à obtenir la consistance désirée. Mixez-y le chèvre frais et diluez le pesto pour l'utiliser dans des pâtes, avec un peu d'eau de cuisson.

PESTO BLANC, NOIX & PARMESAN

1 poignée de noix toastées
Une quantité généreuse de parmesan fraîchement râpé
De la ricotta fraîche
1 citron pour le zeste
1 petite gousse d'ail
Quelques feuilles d'origan frais pour le goût
De l'huile d'olive, du sel, du poivre et un peu de piment

Mixez ensemble les noix, la ricotta, le zeste de citron, l'ail, l'origan et un peu de parmesan, en ajoutant un filet d'huile d'olive. Salez, poivrez, rectifiez et réservez.

NOIX, ZAATAR & AUX HERBES

2 belles poignées de noix décortiquées et torréfiées
1 petite gousse d'ail
Du parmesan
1 poignée d'herbes fraîches (juste les feuilles)
1 cuillère à café de zaatar
De l'huile d'olive, du sel, du poivre

Mixez les noix torréfiées avec du parmesan, du zaatar, un peu d'ail, des herbes fraîches au choix et de l'huile d'olive jusqu'à obtenir la consistance désirée. Goûtez et rectifiez.

SAUGE, PECORINO & PIGNONS

1 belle poignée de feuilles de sauge
Du parmesan et/ou du pecorino
Des pignons de pin grillés et refroidis
De l'huile d'olive, du sel, du poivre

CORIANDRE, ÉPINARDS & MISO BLANC

4 belles poignées d'épinards frais
1 petite gousse d'ail
2 poignées de coriandre fraîche (feuilles et tiges tendres)
1 cuillère à soupe de miso blanc (moins si on a peur du goût)
Un peu de jus de citron
De l'huile d'olive (ou de l'huile neutre pour celui-là)
Une touche d'huile de sésame pour le goût
Sel, poivre du moulin

Mixez jusqu'à obtenir un pesto bien lisse et très vert. Servez avec des pâtes italiennes ou en version asiatique avec des nouilles de type udon. Liez la sauce et les pâtes avec l'eau de cuisson, toujours.

Un pesto n'est pas toujours vert et ne contient pas toujours des herbes. On peut *pestoter* des tomates, des amandes, des olives, des fèves...

— PASTA À LA VODKA AUBERGINES CONFITES, HARISSA & PIGNONS

J'ai une passion pour le *spicy* (piquant) et les aubergines et cette pasta coche toutes les cases. La vodka donne un petit goût subtil et de toute façon, qui boit encore de la vodka :) ? Mieux vaut l'utiliser dans cette recette !

Pour la sauce

400 g de coulis ou de tomates concassées de qualité
3 échalotes ciselées
2 gousses d'ail
2 petites conserves de concentré de tomates (140 g)
2 à 3 cuillères à soupe de harissa, de qualité
200 ml de crème liquide
1 petit verre de vodka (60 ml environ)
Un peu de beurre et d'huile d'olive

Pour la polenta aux agrumes

2 belles aubergines
Du thym, frais ou sec
Quelques flocons de piment
De l'huile d'olive
Du sel et du poivre du moulin

Pour servir

450 à 500 g de pâtes sèches, idéalement des pâtes courtes, tubulaires, comme des *rigatonis*, des *paccheris* ou des *penne*
Des pignons de pin grillés
Du parmesan
De la harissa et de l'huile d'olive

BON À SAVOIR — Au fur et à mesure que l'on réalise cette recette, on peut jouer et adapter un peu la quantité de vodka si on ne la sentait pas trop la première fois. Attention à ne pas avoir la main trop lourde car la vodka apporte une touche subtile, il ne s'agit pas d'une sauce 100 % vodka.

Les aubergines — Préchauffez le four à 200 °C (th. 6-7). Coupez les aubergines en cubes de taille moyenne et mélangez-les avec une quantité généreuse d'huile d'olive, du sel et du poivre, jusqu'à ce qu'elles soient bien enrobées. Déposez-les sur la plaque du four, avec ou sans papier cuisson et enfournez pour 10 à 15 minutes, retournez les aubergines de temps en temps, jusqu'à ce qu'elles soient confites et grillées. Ajoutez 5 minutes de cuisson à chaque fois. Réservez.

La sauce — Dans une grande poêle, qui contiendra les pâtes à la fin (ici une cocotte plate et large Le Creuset®), faites revenir à feu moyen les échalotes ciselées avec l'ail dans un peu de beurre et d'huile d'olive, avec du sel et quelques flocons de piment pendant 15 minutes. Ajoutez le concentré de tomates et la harissa et remuez sans baisser le feu, 3 à 5 minutes, jusqu'à ce que la tomate se soit concentrée et que sa couleur fonce un peu. Ajoutez le coulis ou les tomates concassées et laissez le mélange revenir à petite ébullition.

Faites cuire 10 minutes environ, en remuant souvent. Ajoutez la crème et mixez la sauce *(blender ou mixeur plongeant dans un verre doseur)* jusqu'à ce qu'elle soit parfaitement lisse, puis remettez-la dans la poêle. Faites chauffer un grand volume d'eau salée pour faire cuire les pâtes. Laissez la sauce à feu très doux pendant que les pâtes cuisent. Deux minutes avant la fin de la cuisson, ajoutez la vodka dans la sauce et augmentez un peu le feu.

La *pasta* — Transférez les pâtes juste avant qu'elles ne soient *al dente* directement de l'eau de cuisson jusqu'à la sauce à l'aide d'une écumoire et réservez un peu d'eau de cuisson. Ajoutez-en une petite louche dans la sauce et les pâtes et remuez le tout à feu moyen/vif, pour qu'elles s'en imprègnent et qu'une belle sauce se forme. Cette étape peut prendre 2 à 3 minutes. Si la sauce épaissit trop, ajoutez un filet d'eau de cuisson, goûtez la *pasta* pour savoir quand c'est prêt. Rectifiez l'assaisonnement en sel, poivre et, hors du feu, ajoutez un peu des aubergines et gardez-en pour le service. J'aime bien apporter le plat de cuisson directement sur la table.

Pendant que le plat refroidit quelques minutes *(il ne faut pas le déguster bouillant)*, dans un bol, mélangez quelques pignons de pin grillés avec un peu de harissa et d'huile d'olive. Servez-en sur chaque assiette, avec le reste des aubergines, sans oublier du parmesan et quelques tours de moulin à poivre.

Pour 4 personnes | **Préparation** 25 à 35 min | **Cuisson** 20 min | **Total** 45 à 55 min

LES GNOCCHIS (BICOLORES) DE JULIA — FÈVES, COURGETTES, PETITS POIS & BEURRE DE SAUGE

Cette recette est un clin d'œil à mon amie Julia ♡ qui vit au Canada maintenant. On en a passé du temps à rouler des gnocchis quand nous étions voisines à Pantin. Avec nos filles et nos verres de vin, une époque de folie. Vivement nos prochains gnocchis @bakenger !

Pour les gnocchis

900 g de pommes de terre à purée
2 à 3 poignées d'épinards, blanchis, essorés au MAX et mixés
1 jaune d'œuf
De la farine classique
Sel, poivre du moulin

Pour la garniture

200 à 250 g de fèves pelées et blanchies 2 minutes *(soit 900 g de fèves fraîches, on enlève les cosses, ensuite on les blanchit 30 secondes pour enlever la peau autour de chaque fève. Sinon, Picard en vend des déjà pelées !)*
150 à 200 g de petits pois frais, écossés et blanchis 2 minutes
1 courgette jaune ou verte
1 belle échalote ciselée (ou 2)
1 gousse d'ail
Une dizaine de belles feuilles de sauge fraîches
Du parmesan
Du beurre
Sel, poivre du moulin

Préparation — Dans un four préchauffé à 200 °C (th. 6-7), faites cuire les pommes de terre entières et non pelées, sur une plaque recouverte de papier cuisson, jusqu'à ce que la pointe du couteau rentre facilement dedans, puis laissez-les refroidir jusqu'à ce qu'elles soient manipulables, environ 20 minutes. Pelez-les et passez-les au presse-purée. Pesez la quantité obtenue et ajoutez la moitié de ce poids en farine, avec le jaune d'œuf, du sel et du poivre. Séparez la pâte dans 2 saladiers et ajoutez les épinards mixés dans l'un des deux. Il faudra sûrement ajouter un peu de farine dans la pâte aux épinards. Travaillez les pâtes jusqu'à ce qu'elles se tiennent, sans les surpétrir, sinon les gnocchis seront élastiques en bouche.

Façonnage — Procédez d'abord avec la pâte nature, puis avec la pâte verte. Détaillez le pâton en morceaux, puis roulez-les en boudins et coupez des morceaux de la taille des gnocchis. Si votre motivation est débordante, passez-les sur une fourchette ou sur une planche à gnocchis pour les strier — *mais entre nous, ils auront le même goût…*

Une fois que les gnocchis nature sont détaillés, faites-les cuire en plusieurs fois dans de l'eau bouillante salée et dès qu'ils flottent, débarrassez-les avec une écumoire dans un plat avec de l'huile d'olive pour ne pas qu'ils collent. Procédez de la même façon avec les gnocchis verts.

Garniture & service — Dans une poêle à feu vif avec de l'huile d'olive, faites revenir l'échalote ciselée et la courgette coupée en demi-lunes. Quand les courgettes sont bien grillées, ajoutez les fèves et les petits pois, ainsi qu'une quantité généreuse de beurre, l'ail (passé au presse-ail) et les feuilles de sauge ciselées. Quand le mélange sent bon et que vous avez envie de plonger dedans, versez le tout dans un plat et mettez les gnocchis dans la même poêle — *sans la laver.* Faites-les revenir à feu vif pour les poêler et qu'ils soient délicieusement dorés, rajoutez le mélange de légumes et remuez délicatement le tout. Servez à même la casserole *(car personne n'a envie de vaisselle supplémentaire !)* avec du parmesan et encore quelques tours de moulin à poivre.

NOTE —— On peut bien sûr adapter cette recette avec des gnocchis achetés chez un traiteur italien, ou décider de ne faire que les gnocchis classiques natures, notre charge mentale n'a pas besoin de plus !

Pour 3 à 4 personnes | **Préparation** 20 à 30 min | **Cuisson** 1 heure (pommes de terre) | **Total** 1 heure 30 min environ

Piment
Sumac
MOULU
MOULU

EN SOLO OU — RAPIDO !

La cuisine solo, mais quel plaisir ! Au début, ça peut être un challenge, mais qui vous connaît mieux que vous même ? C'est pareil dans l'assiette !

Les recettes suivantes marchent pour 1, 2 ou 4 et même 6 personnes. Mais finalement ce qu'on cherche, c'est du bon, du rapide, que l'on soit seul ou à plusieurs !

SHAKSHUKA AUX POIS CHICHES — TOPPING ADDICTIF AUX ÉPICES

La shakshuka, pour 1 personne ou pour 6, c'est bon, c'est rapide et simple. Cette recette peut facilement s'adapter pour une seule personne *(voir note)* !

Pour la shakshuka

1 grosse conserve de tomates pelées (800 g)
1 boîte de pois chiches (environ 250 g, poids net égoutté)
2 œufs par personne
2 petites gousses d'ail
1 oignon rouge (ou quelques oignons nouveaux)
1 botte de coriandre, les feuilles d'un côté, les tiges de l'autre
1 ou 2 cuillères à soupe de harissa (selon les goûts)
½ cuillère à café de paprika fumé Nomie
Quelques flocons de piment en plus
De l'huile d'olive extra-vierge
Quelques tranches de pain grillé pour servir, ou du pain pita

Pour le topping addictif/explosif

1 gousse d'ail râpée
1 cuillère à soupe de graines de sésame (noir ou blond)
1 cuillère à soupe de graines de coriandre
1 cuillère à soupe de graines de cumin
½ cuillère à café de flocons de piment
Environ 50 ml d'huile d'olive ou d'huile neutre

PETIT PLUS — On peut aussi ajouter de la feta à la fin pour une shakshuka encore plus gourmande

NOTE ZÉRO DÉCHET — Dans ce genre de recette, on peut utiliser des ingrédients en entier pour minimiser le gâchis. Pour la coriandre : on garde les feuilles pour le service et on coupe les tiges finement pour donner de la texture et du goût à la sauce.

Préparation — Dans une grande poêle, faites chauffer quelques cuillères à soupe d'huile d'olive et faites revenir l'oignon émincé finement sur feu moyen pendant 5 minutes. Ensuite, ajoutez les gousses d'ail hachées ou râpées et un peu d'huile d'olive en plus. Quand l'ail commence à sentir bon, ajoutez la conserve de tomates pelées et baissez le feu.

Assaisonnez avec un peu de sel et de poivre. Laissez mijoter environ 10 minutes, puis ajoutez la quantité de harissa souhaitée, le paprika fumé (et du piment en plus si désiré), les pois chiches et les tiges de coriandre coupées finement. Laissez mijoter à feu doux et sans couvercle le temps de préparer le reste.

Le topping explosif & addictif ! — Dans un petit bol qui résiste à la chaleur, versez l'huile très chaude sur tout le mélange d'épices et d'ail. Remuez et réservez, laissez refroidir.

Une fois la sauce mijotée, réduite et un peu confite *(l'odeur !)*, goûtez et rectifiez l'assaisonnement. Avec le dos d'une cuillère en bois, formez des petits creux dans la sauce dans lesquels vous casserez les œufs. Sur feu moyen, surveillez la cuisson jusqu'à ce que le blanc soit pris, mais le jaune encore coulant *— cette étape peut prendre une dizaine de minutes.* Servez dès que c'est prêt, avec l'huile aux épices et les feuilles de coriandre fraîche ciselées grossièrement.

Dégustez avec de belles tranches de pain *(grillé et tiède, c'est encore mieux !)* et pourquoi pas aussi un peu de feta émiettée pour encore plus de gourmandise !

ASTUCE SOLO ! — On peut adapter facilement cette recette pour une personne, en réduisant la quantité de tomates pelées (un reste de coulis de tomates peut suffire par exemple).

Et avec une petite conserve de pois chiches, on peut diviser la conserve en plusieurs portions et se prévoir d'autres repas les jours suivants comme une salade de pois chiches aux herbes et à la feta, mais aussi des pâtes aux pois chiches *(cherchez « pasta e ceci » sur Internet, c'est délicieux)*, ou même prévoir un houmous pour un futur apéro !

Pour 4 personnes | **Préparation** 30 min | **Cuisson** 10 à 20 min | **Total** 40 à 50 min maximum

Comme je fais partie de la team salée au petit déjeuner, je me prépare très fréquemment cette recette. Franchement, 15 minutes pour un dépaysement garanti. Et qui n'a pas envie de saucer ce jaune d'œuf qui nage dans ce beurre aux épices & à l'orange?

ŒUFS À LA TURQUE — YAOURT À L'AIL & BEURRE AUX ÉPICES ET À L'ORANGE

Pour le yaourt

5 à 6 cuillères à soupe de yaourt à la grec épais*
½ gousse d'ail
1 petite orange bio *(une partie du jus et un peu de zeste)*
Du sel & du poivre du moulin

Pour le beurre aux épices

20 à 40 g de beurre
1 cuillère à soupe d'huile d'olive
½ cuillère à café de sumac *+ un peu pour servir*
½ cuillère à café de paprika fumé *+ un peu pour servir*
Un peu de zeste de l'orange prévue pour le yaourt

Pour le reste

4 œufs (ou 2 gros)
2 mini concombres (ou ½ normal), lavés et non pelés
Des herbes fraîches à gogo
J'aime bien l'aneth dans cette recette, mais la menthe ira aussi, comme la coriandre, ciboulette, persil, ce que vous avez sous la main...
De belles tranches de pain au levain grillé, ou du pain oriental tiède, un délice

**Je l'achète littéralement en « seau » chez mon épicier turc. Le goût est fou, la texture est dingue et surtout il coûte deux fois moins cher que dans un supermarché classique.*

BON À SAVOIR — Cette recette est très facile à adapter, que ce soit pour 1 ou 2 en semaine, ou même pour 6 ou plus, en vacances par exemple !

Le yaourt — Mélangez le yaourt avec l'ail râpé, du sel, du poivre, un peu de jus d'orange et de zeste. Goûtez-le puis rectifiez l'assaisonnement comme bon vous semble (plus ou moins d'ail, d'orange etc.) et réservez à température ambiante — *c'est important pour la dégustation ensuite.*

Les œufs — N'importe quelle cuisson conviendra à ce plat, pochés, mollets, au plat...du moment que c'est une cuisson qui vous permet d'avoir un jaune pas trop cuit. Ici, j'ai préféré les œufs mollets. Faciles à préparer : la cuisson se fait sans surveillance comparé aux œufs pochés. *Remember, on a faim, vite fait, bien fait.* Plongez les 4 œufs dans l'eau bouillante délicatement pendant 5 à 6 minutes *(en fonction de la taille)*, puis les sortir de l'eau et les passer sous l'eau froide pour arrêter la cuisson *(le secret d'un jaune bien coulant !)*. J'insiste, cette recette marche aussi avec des œufs au plat !

Le beurre aux épices — Dans une petite poêle, à feu moyen, faites fondre le beurre avec l'huile d'olive. Ajoutez les épices et un peu de zeste d'orange, mélangez pour que ça infuse et réservez hors du feu.

Dressage et dégustation ! — Pelez les concombres en longues lamelles dans un saladier et assaisonnez-les grossièrement avec un peu d'huile d'olive, de jus d'orange ou de citron, du sel et du poivre. Ciselez les herbes, mettez-en un peu dans les concombres et réservez le reste.

Écalez les œufs refroidis et coupez-les en deux. Étalez le yaourt dans des petites assiettes, ajoutez les œufs, le beurre épicé et parsemez avec les herbes fraîches ciselées restantes. Un peu de sumac ou de paprika fumé en plus, un tour de moulin à poivre et un peu de fleur de sel. Servez les concombres sur un côté de l'assiette et servez avec le pain grillé tiède, *addiction garantie !*

Pour 2 personnes | **Préparation** 10 à 15 min | **Cuisson** 5 à 6 min | **Total** 20 min maximum

COURGETTES CRUES, HARICOTS BLANCS — MENTHE, CITRON & PARMESAN

Une recette rapide, des ingrédients simples et quasiment pas de cuisine. La courgette crue est carrément sous-estimée et les différentes textures de ce plat sont absolument parfaites !

Ingrédients

1 conserve d'environ 300 g de haricots blancs au naturel (poids net égoutté)

3 petites courgettes (ou 2 moyennes)

1 citron (pour le zeste et le jus)

Environ 150 g de yaourt à la grecque

1 morceau de parmesan (pour le service)

Quelques feuilles de menthe fraîche, ou une autre herbe

Quelques flocons de piment

De l'huile d'olive vierge extra

Sel et du poivre du moulin

VARIANTES — À la place du parmesan, vous pouvez choisir un fromage plus frais comme de la feta, qui se marie à merveille avec les courgettes et le citron.

Pour les herbes, vous pouvez remplacer la menthe par du basilic, ou même de la coriandre et pourquoi pas ajouter un peu de citron confit dans la crème de haricots, comme dans la recette d'houmous du chapitre **Apéros** !

Si vous avez une conserve de pois chiches à la place des haricots blancs, c'est tout bon aussi !

La crème de haricots — Égouttez la conserve de haricots blancs et réservez-en 150 g dans un bol. Pour faire la crème, versez 150 g de haricots dans un petit mixeur avec 150 g de yaourt à la grecque *(la recette est en tant pour tant, même quantité de haricots que de yaourt donc n'hésitez pas à adapter en fonction de ce que vous avez comme quantité de haricots ou de yaourt)*, la moitié du zeste du citron, du sel, du poivre, l'huile d'olive et quelques flocons de piment. Goûtez et rectifiez assaisonnement et texture en ajoutant un peu de jus de citron ou d'huile d'olive pour obtenir le mélange parfait — *c'est personnel !*

Les courgettes — Lavez les courgettes, coupez le haut et le bas, puis, avec un éplucheur à légumes ou d'une mandoline, détaillez-les en fines et longues lamelles. Dans un saladier, assaisonnez-les avec un peu de jus de citron, d'huile d'olive ainsi que du sel, du poivre et un peu de menthe ciselée *(pas toute la menthe !)* et réservez.

Dressage et service ! — Dans un grand plat, étalez la crème de haricots et déposez par-dessus les lamelles de courgettes, les haricots entiers réservés au début de la recette, ainsi qu'une généreuse quantité de copeaux de parmesan (à faire à l'éplucheur ou à la mandoline) et le reste des feuilles de menthe ciselées. Quelques tours de moulin à poivre et 1 filet d'huile d'olive, et le tour est joué !

ASTUCE SOLO — UNE PERSONNE = UNE COURGETTE !

Avec une petite conserve de haricots, vous pouvez la diviser en plusieurs portions et prévoir d'autres recettes pour les jours suivants, comme des haricots à la tomate pour accompagner de futurs petits déjeuners à l'anglaise...

Pour 4 personnes environ | **Préparation** 15 à 20 min

PANCAKES ÉPINARDS ET FETA, — MESCLUN & GREMOLATA

10 minutes pour les préparer, 10 minutes pour les manger !

Pour les pancakes

100 g d'épinards crus (60 g à mixer, 40 g à hacher)
Environ 100 g de feta
1 œuf
100 ml de lait *(on peut utiliser du lait végétal)*
115 g de farine
1 cuillère à café de levure chimique
¼ de cuillère à café de sel
Quelques tours de moulin à poivre

VARIANTES —— Les épinards peuvent être remplacés par du vert de blettes, des fanes de radis ou de carottes, ou de la courgette râpée.

Pour le mesclun et la gremolata

2 belles poignées de mesclun lavé et essoré
25 g de noisettes grillées et hachées au couteau
1 petite gousse d'ail râpée à la microplane
5 à 6 tiges de coriandre (juste les feuilles)
3 tiges de menthe (juste les feuilles)
1 tige de cébette
1 pincée de flocons de piment
2 cuillères à soupe de jus de citron
8 cuillères à soupe d'huile d'olive
1 pincée de sel et quelques tours de moulin à poivre

BON À SAVOIR —— Rendez ces pancakes encore plus nutritifs, en ajoutant d'autres ingrédients comme des flocons d'avoine ou des graines de lin, de chia dans la pâte.

Adaptez un peu la quantité de farine et/ou de lait jusqu'à obtenir la consistance idéale pour des pancakes gonflés et mœlleux.

Les pancakes — Mixez l'œuf avec le lait et 60 g d'épinards jusqu'à obtenir un mélange bien lisse et bien vert. Versez le mélange dans un petit saladier, puis ajoutez la farine, la levure, le sel, du poivre et quelques flocons de piment. Finissez par les 40 g d'épinards hachés et la feta coupée grossièrement.

Mettez une poêle à chauffer avec un peu de matière grasse *(du beurre de coco, de l'huile d'olive ou du beurre classique).* Faites cuire les pancakes en plusieurs fois, retournez-les quand des petites bulles se forment à la surface, puis laissez-les finir de cuire. Débarrassez les pancakes sur une assiette au fur et à mesure qu'ils sont cuits.

Gremolata, dressage et service ! — Dans un petit récipient, mélangez l'huile d'olive avec les herbes et la cébette ciselées finement, les noisettes concassées, l'ail râpé et le jus de citron. Goûtez et rectifiez l'assaisonnement.

Dressez le mesclun dans un plat de service et assaisonnez avec une partie de la gremolata. Servez les pancakes avec la gremolata restante et le mesclun.

Pour 3 personnes | **Préparation** 10 min | **Cuisson** 3 à 4 min/pancakes | **Total** 15 min

Les petits WOW du quotidien, prêts rapidement et rapides à utiliser.

En vacances, ou au quotidien, on improvise avec ce qu'on a sous la main. Je pourrais écrire un livre entier à ce sujet.

PICKLES, MIETTES & BEURRES

LES BEURRES AROMATISÉS

Vivant avec un breton, le beurre fait partie de nos indispensables. Facile à aromatiser, à décliner et à conserver *(au congélo !)*, c'est juste tellement simple et délicieux de cuisiner avec, que ce soit du salé mais aussi du sucré ! Une base de beurre doux *(qui arrive plus vite à température ambiante que le beurre salé)* et ensuite j'ajuste l'assaisonnement en fonction de ce que je mets dedans. Voici des exemples sans recette précise. Testez, tentez, osez !

BEURRE À LA GREMOLATA (viande, poisson, pâtes, œufs, riz...)

BEURRE AU MISO (poisson, viande, légumes)

BEURRE AUX ÉPICES CHAÏ MASALA de chez Nomie (avec du sucré comme des crêpes, des pancakes, ou sur du pain grillé)

BEURRE AU GINGEMBRE FRAIS ET À LA CIBOULETTE (poisson, crevettes, saint-jacques, volaille...)

BEURRE CACIO E PEPE, avec du parmesan ou du pecorino râpé et beaucoup, beaucoup de poivre du moulin fraîchement moulu

BEURRE À L'AIL RÔTI (viande, poisson, pâtes, œufs, riz, légumes...) *La recette de l'ail rôti est dans la recette du houmous au citron confit dans le chapitre sur l'apéro. Utilisé pour faire le garlic bread, c'est carrément indécent.*

BEURRE HARISSA & CORIANDRE FRAÎCHE (viande, poisson, œufs, riz, légumes...)

BEURRE AUX TOMATES CONFITES ET AU BASILIC (viande blanche, poisson, pâtes, œufs, riz, légumes...)

BEURRE À L'ANETH FRAIS ET AUX ZESTES DE CITRON (poisson, crevettes, saint-jacques, riz, légumes...)

BEURRE AUX ZESTES D'AGRUMES (Crêpes Suzette, filets de poisson, riz, légumes vapeurs)

BEURRE AU TAHINI (avec des patates douces et des herbes)

LES PICKLES *

Ce que j'aime dans les pickles, c'est leur capacité à s'adapter avec ce que l'on a sous la main. On peut ajouter de l'ail, des herbes plus ou moins corsées, mais aussi du piment et des épices, du miel... Variez les vinaigres et créez des pickles originaux. En fonction des recettes sur lesquelles on veut les utiliser, c'est vraiment un condiment magique.

MES PICKLES CONCOMBRES/CORNICHONS

Ils sont parfaits avec tout, des terrines, des burgers ou en morceaux dans des salades de pommes de terre. Variez les épices et les formes de découpe (rondelles, bâtonnets).

Pour 2 bocaux moyens

750 g de mini concombres ou cornichons
1 oignon rouge ou 2 petits
Des brins d'aneth *(c'est beau dans les bocaux et c'est bon!)*
Des graines de moutarde blonde
D'autres épices au choix
(cardamome, graines de fenouil, cumin, genièvre, poivre, du curcuma...)
150 g de sucre blanc
235 ml de vinaigre d'alcool blanc
150 ml d'eau
1 cuillère à soupe de sel

Stérilisez les bocaux et les couvercles 10 minutes dans de l'eau bouillante. Laissez-les sécher sur un torchon propre, puis remplissez-les en alternant les ingrédients, des brins d'aneth, quelques rondelles d'oignons rouges, les graines de moutarde, les épices choisies, etc. Pendant ce temps, faites fondre dans une casserole le sucre, le vinaigre et le sel. Quand le sucre est fondu, versez le mélange chaud dans les bocaux et par-dessus les pickles. Fermez les bocaux, sans vous brûler, retournez-les sur le torchon et laissez refroidir complètement. Les pickles en tranches seront prêts à la dégustation en 3 à 5 jours. Pour les pickles en bâtonnets, mieux vaut attendre 7 à 9 jours. Une fois ouvert, le bocal doit être gardé au frais, plusieurs semaines (il faut que les pickles soient couverts par le liquide).

PICKLES D'OIGNONS ROUGES DE TOUS LES JOURS

Ils sont bons partout et prêts en 5 minutes.

Pour 1 bocal

1 gros oignon rouge (ou 2 petits), pelé et coupé en rondelles
1 cuillère à soupe de miel, sucre ou sirop d'érable
200 ml de vinaigre d'alcool blanc, ou de riz, de cidre
On peut même mélanger 2 vinaigres différents
80 ml d'eau
½ cuillère à café de sel
Petits plus : poivre, piment, genièvre...

Suivez le même processus que pour les pickles de concombre. En général, je reste simple sur les pickles du quotidien, quelques grains de poivre, quelques baies de genièvre et quelques flocons de piment. Ces pickles-là pourront déjà être dégustés au bout d'1 ou 2 heures, quand le liquide commence à devenir rose. Ils se gardent 1 à 2 semaines – *mais chez nous, ils ne durent jamais aussi longtemps !*

LES « MIETTES »

Ce petit condiment est magique et une fois découvert, on ne peut plus s'en passer. Il s'agit simplement de miettes de pain rassis (*pas de gâchis !)* mixées, mais quand je n'en ai pas, j'utilise du panko. Ci-dessous, les variantes que j'utilise le plus souvent, en plus des recettes déjà présentes dans le livre. Faites revenir le pain ou le panko dans un peu d'huile d'olive (ou de beurre noisette, *voir ci-dessous*) à feu moyen/vif en remuant bien jusqu'à ce qu'elles soient bien dorées. La plupart des garnitures s'ajoutent hors du feu (agrumes/herbes) pour ne pas donner un goût trop amer, ou noircir.

ORANGE & THYM
Faites revenir les miettes à l'huile d'olive et quand elles sont dorées, ajoutez du zeste d'orange, du sel et du thym frais.

BEURRE NOISETTE & PIMENT D'ESPELETTE
Faites revenir les miettes dans un peu de beurre noisette, ajoutez du sel et du piment d'Espelette.

GRAINES DE FENOUIL CONCASSÉES & NOISETTES
Faites toaster les graines de fenouil à sec dans la poêle, puis ajoutez les miettes et les noisettes, ainsi qu'un peu de sel.

BEURRE À L'AIL & AU PERSIL
Faites revenir les miettes dans une poêle dans du beurre, avec 1 ou 2 gousses d'ail râpées sans que le mélange ne brûle, un peu de sel, de poivre et, hors du feu, ajoutez du persil frais ciselé finement.

PARMESAN, POIVRE & HUILE D'OLIVE
Faites revenir quelques miettes à l'huile d'olive, puis hors du feu, ajoutez du parmesan fraîchement râpé et du poivre.

CITRON, SUMAC, ANETH & MENTHE
Faites revenir quelques miettes dans du beurre ou de l'huile d'olive et ajoutez hors du feu du sumac, du citron, ainsi que de l'aneth et de la menthe ciselés finement.

* Attention, une fois que l'on tombe dans la marmite de ses propres pickles, on part en vacances avec, on récupère les bocaux en vacances pour en faire, on en offre, c'est addictif !

« À TABLE EN 10 MINUTES » MOUILLETTES XXL FAMILIALES & ŒUFS À LA COQUE —

Gain de temps OUI, mais GOURMAND.

J'ai lancé ce concept des mouillettes au format XXL à la maison et on les décline au moins une fois par semaine en fonction des restes qu'il y a dans le frigo. Ça permet d'utiliser le pain rassis et les enfants adorent souvent les œufs à la coque.

Ce menu nous permet d'être à table rapidement et tous ensemble (toutes les excuses sont bonnes pour manger du *garlic bread* !).

Ingrédients

4 œufs (+ 4 coquetiers)

1 baguette de pain, fraîche, ou du vieux pain

Des éléments à tartiner dessus :

- un reste de pesto maison (ou pas)
- de la sauce tomate avec de l'huile d'olive et de l'origan
- du comté et du poivre fumé de chez Nomie
- un petit beurre à l'ail et aux herbes (estragon et persil)

VARIANTES DE GARNITURES

Fromage de brebis ou tomme

Du chèvre frais + chutney de figues

Du pesto rosso

De la mozzarella fondue avec du coulis de tomates, comme des mouillettes PIZZAS quoi !

De la tapenade

De l'huile d'olive simple et des herbes

Des champignons sautés à l'ail et aux herbes

De la viande des grisons et même des restes de fromage à raclette, soyons fous !

Du jambon blanc et du comté

De la crème au vin blanc et aux herbes...

Préparation — Préchauffez le four en mode gril à 200 °C (th. 6-7) ou un peu plus. Coupez la baguette en deux dans la longueur et mettez les deux morceaux sur la plaque du four sur une feuille de papier cuisson *(on anticipe, ça va dégouliner et on ne veut pas passer plus de temps à nettoyer qu'à cuisiner).* Garnissez le pain avec les garnitures désirées.

Cuisson — Enfournez pour 5 minutes pour commencer et surveillez la cuisson progressivement. Sortez les mouillettes quand elles sont dorées, mais pas trop grillées et laissez-les refroidir quelques minutes le temps de faire cuire les œufs à la coque. En fonction de la taille des œufs, je pronostique un temps de cuisson d'environ 4 à 5 minutes, mais chacun ses habitudes.

Service ! — Servez les mouillettes XXL sur une planche, détaillées en mouillettes à l'aide d'un grand couteau et dégustez rapidement avec les œufs à la coque et en option, une belle salade verte !

RECETTE PRÉFÉRÉE, LE "GARLIC BREAD" — Chez nous, on adore la version des mouillettes XXL avec le pain à l'ail et aux herbes, qui se marie super bien avec le jaune d'œuf gourmand. Il suffit d'une belle gousse d'ail, de préférence de l'ail frais et bien rosé à l'extérieur, que l'on râpe avec une râpe microplane par exemple, dans du beurre salé à température ambiante, en ajoutant plein d'herbes fraîches hachées et un peu de poivre.

J'adore y mettre de l'estragon car c'est une herbe complètement sous-estimée et son goût est parfait avec l'ail et le beurre... On peut *(et on doit !)* préparer une plus grosse quantité du beurre aromatisé aux herbes et le congeler pour ensuite en avoir tout le temps sous le coude !

Pour 4 personnes | **Préparation** 5 min par variante | **Cuisson** 6 à 7 min *(œufs + mouillettes!)* | **Total** 15 min

LA PANURE, C'EST LA VIE ! — 5 VARIANTES ADORÉES DES PETITS ET DES GRANDS...

Qui peut résister au pané, surtout quand c'est maison ?

Largement plus sain et plus gourmand que tout ce que l'on trouve dans le commerce, ces panures se déclinent à l'infini, avec de la viande blanche, du poisson et pourquoi pas du tofu, ou un fromage ferme comme de la mozzarella de cuisine ou du comté.

Base d'ingrédients

1 œuf battu

3 à 4 cuillères à soupe de farine

L'équivalent de 3 poignées de l'ingrédient choisi pour la panure *

Huile neutre pour la cuisson

** Un reste de chips, graines de sésame, flocons d'avoine, noix de coco râpée, panko + aromates comme du thym ou de l'origan, des noisettes ou des amandes hachées, des corn-flakes, des biscottes, des gressins...*

Préparation — Préparez 3 assiettes creuses sur le plan de travail, une pour l'œuf battu (auquel vous ajoutez du sel, du poivre et éventuellement des épices, des herbes), une pour la farine et une pour la panure choisie. Mettez une poêle avec un peu d'huile à chauffer. Je n'aime pas frire les « nuggets » en les immergeant complètement dans de l'huile, je préfère les faire cuire dans 2 à 3 cm d'huile maximum et les retourner à mi-cuisson.

Découpez les ingrédients à paner et trempez-les d'abord dans la farine, puis dans l'œuf, puis dans la panure. Vous pouvez même répéter cette opération 2 fois pour épaissir la couche et avoir une panure encore plus épaisse et croustillante. Réservez ensuite sur une assiette le temps de paner tout le reste.

Cuisson — Déposez délicatement les éléments panés dans l'huile et pendant qu'ils cuisent, préparez un plat recouvert de papier absorbant. Retournez à mi-cuisson et prolongez le temps de cuisson jusqu'à ce que ce soit bien doré et cuit. Les temps de cuisson varient en fonction de l'élément pané et de l'ingrédient avec lequel il est pané (par exemple : le sésame grillera moins vite que des flocons d'avoine). Débarrassez sur le papier absorbant et salez à nouveau sur la panure chaude avec un peu de fleur de sel.

SUGGESTIONS DE SERVICE — On peut les servir avec des frites ou des pommes de terre rôties au four, mais personnellement, j'aime les manger avec une bonne salade verte, ou une salade de fenouil mandoliné bien frais et croquant avec une bonne sauce aux agrumes, c'est une option délicieuse d'accompagnement qui contraste à merveille avec la panure.

On peut aussi penser à la version italienne de l'escalope milanaise (veau pané) et accompagner le tout avec des spaghettis à la tomate...

Pour 2 personnes | **Préparation** 15 min | **Cuisson** 5 à 10 min (en fonction de l'épaisseur) | **Total** 15 à 20 min

COMTÉ

L'ÉTÉ : SALADES ETC —

Des salades, des sandwichs, des choses simples pour agrémenter de grandes tablées d'été, en cuisinant à plusieurs !

En prime : un *focus sur les vinaigrettes* pour éblouir vos ami.e.s et *2 sandwichs* détonnants, qui vous feront sérieusement gagner des points *barbecue* !

— SALADE DE PÂTES AUX COURGETTES CRUES, BASILIC, NOISETTES & PARMESAN

Une salade de pâtes légère avec du croquant, du frais, du mœlleux et plein de légumes. Parfaite en toutes circonstances, avec ou sans barbecue !

Ingrédients

300 g de pâtes
2 belles courgettes ou 3 petites (jaunes et vertes, c'est encore mieux visuellement !)
1 citron (tout le jus), ou 2 petits
Des noisettes grillées (ou des amandes !)
1 beau morceau de parmesan (environ 50 g)
½ oignon rouge ou des pickles d'oignons rouges
Un beau bouquet de basilic ou 2 petits
Huile d'olive
Sel, poivre du moulin

ASTUCE — Pour aller plus vite, une mandoline est idéale. Attention aux doigts. Sinon, un robot trancheur à lame fine.

Les courgettes — Lavez bien les courgettes, coupez le haut et le bas et si elles sont petites, coupez-les finement en rondelles. Si elles sont plus grosses, coupez-les en deux dans la longueur et coupez des demi-lunes. Mettez les tranches de courgettes dans une passoire et salez-les généreusement, mélangez bien et laissez dégorger dans un évier ou au-dessus d'un saladier.

Les pickles & la *pasta* — Si vous n'avez pas de pickles d'oignons rouges sous la main, vous pouvez *pickle-iser* les oignons rouges en les faisant tremper à l'avance dans la sauce de cette salade. Dans un petit bol, mélangez le jus de citron avec minimum 5 à 6 cuillères à soupe d'huile d'olive et ajoutez-y le demi-oignon rouge émincé finement. Salez et poivrez généreusement et laissez reposer le temps de préparer la suite. Faites cuire les pâtes dans un grand volume d'eau salée, 1 minute de moins que le temps indiqué pour qu'elles soient *al dente* et refroidissez-les ensuite sous un filet d'eau froide pour arrêter la cuisson, puis réservez.

Dressage et service ! — Dans un grand saladier, versez les pâtes cuites et refroidies, puis les courgettes — *au préalable bien essorées avec les mains pour enlever un maximum d'humidité*. Ajoutez les noisettes grillées concassées, la sauce huile d'olive/citron avec les oignons rouges marinés, ou alors vos pickles maison, une belle quantité de basilic ciselé et les copeaux de parmesan, puis mélangez tout ça. Rectifiez l'assaisonnement, puis remuez à nouveau et conservez au frais si la salade n'est pas servie tout de suite.

Avant de servir, ajoutez du basilic ciselé, quelques copeaux de parmesan *(jamais assez !)* et quelques noisettes et pickles supplémentaires. On oublie pas les quelques tours de moulin à poivre. Les restes se conservent au moins 3 jours au frais.

Pour 4 personnes | **Préparation** 20 à 25 min | **Cuisson** Le temps des pâtes choisies | **Total** 35 min

VINAIGRETTES !

Je teste souvent de nouvelles vinaigrettes et mon seul principe, c'est d'essayer d'atteindre un bon équilibre acidité / gras, gustativement c'est important.

Testez des petites quantités dans un bol et ajustez au fur et à mesure.

LES HUILES, LE GRAS

Au-delà de la classique huile d'olive vierge extra, ou autre huile neutre, il suffit de changer la matière grasse de la sauce pour transformer une recette.

Huile de noix, noisettes

Ajoutées avec parcimonie, elles donnent un petit goût délicieux et se marient parfaitement bien avec des endives, des betteraves, des lentilles par exemple. **Attention :** pour éviter une saturation des goûts, je les mélange avec une autre huile.

Huile de sésame grillé

Je l'utilise en petite quantité car elle peut vite être forte et saturer les goûts. Une vraie touche d'originalité parfaite pour des recettes d'inspiration asiatique.

Tahini

On ne présente plus le tahini. Dilué dans un peu de vinaigre, ou dans du jus de citron ou d'orange, avec un peu d'eau pour ajuster la consistance, du sel, du poivre, c'est délicieux. J'y mixe aussi des herbes, du yaourt pour l'alléger un peu.

Pesto

Les pestos font une super base de vinaigrette. Un reste de pesto, dilué avec un peu d'huile d'olive et même un peu de jus de citron ou de vinaigre et voilà une sauce estivale qui ensoleillera tout ce qu'elle viendra agrémenter, salades, brochettes, poisson cuit ou cru, légumes rôtis...

Beurre noisette

J'entends d'ici : « Une vinaigrette au beurre ?!... »
Le beurre noisette, lui, ne vous entend pas. Imaginez une salade d'automne, avec des choux de Bruxelles râpés, de la pomme, des cranberries séchées, du parmesan, des noisettes et ce petit goût en plus dans la vinaigrette... Ajoutez ***une touche seulement*** de beurre noisette à une vinaigrette ayant comme base une huile avant tout. Le beurre est là pour donner un goût et pas pour remplacer entièrement le corps gras.

LES VINAIGRES, L'ACIDITÉ

Il peut y avoir une ou plusieurs sources d'acidité. Je mélange souvent jus de citron et balsamique, vinaigre de riz et jus d'orange... Je traite les agrumes comme un bonus gustatif. J'aime bien utiliser aussi le zeste. Il parfume très bien.

Vinaigres

Xérès, cidre, vin rouge, riz, framboises, balsamique... Le vinaigre de cidre est le plus « neutre » à mon goût et celui qui permet aux autres ingrédients de la vinaigrette de se démarquer. Ma maman fait beaucoup de vinaigrettes au vinaigre de framboise et j'ai un vrai souvenir gustatif de ce goût précis.

Agrumes

Citron jaune, citron vert, orange et même pamplemousse... Par exemple, l'orange et les carottes se marient très bien. Le citron vert fait carrément voyager, surtout mélangé avec de l'huile de sésame et le citron jaune est le parfait dépannage si vous n'avez tout simplement pas de vinaigre sous la main. On peut l'adoucir avec un peu de miel ou de sirop d'érable, et transformer idéalement ces restes de vinaigrettes aux agrumes en marinades délicieuses.

LES PETITS PLUS QUI TWISTENT

Vous serez surpris de découvrir à quel point tous les éléments listés ci-dessous fonctionnent hyperbien en vinaigrette !

Pour la touche salée, on peut remplacer le sel ou une partie du sel par de la sauce soja, un peu de miso, de la tapenade, des câpres, des anchois... **Pour le sucré**, on peut ajouter du miel, du sirop d'érable, d'agave... Il faut les mélanger d'abord avec la partie acide et émulsionner le tout avec l'huile choisie.

N'oubliez pas les épices, en poudre ou en graines, mélangées directement dans la vinaigrette, c'est la façon la plus rapide de pimper une sauce. Toastez les épices entières à sec dans une poêle avant pour que les saveurs soient encore plus prononcées !

VINAIGRETTE GINGEMBRE & SÉSAME

2 cuillères à soupe d'huile d'olive
1 cuillère à soupe d'huile de sésame
½ citron vert (jus et zeste)
1 cuillère à soupe de vinaigre de riz
1 cuillère à café de miel
Un peu de gingembre frais râpé
Sel, poivre du moulin et quelques flocons de piment

VINAIGRETTE ZAATAR ANETH CITRON

3 à 4 cuillères à soupe d'huile d'olive
le jus d'un demi citron (ou plus)
2 cuillères à café de zaatar
Un peu d'aneth fraîche ciselée (sans les tiges)
1 petite gousse d'ail râpée

VINAIGRETTE TIÈDE AU BACON GRILLÉ (INSPIRATION LYONNAISE DE MON PAPA)

4 belles tranches de bacon assez épaisses, coupées en dés
2 cuillères à soupe de vinaigre de cidre ou de vinaigre de vin
1 cuillère à café de miel ou de sirop d'érable
½ cuillère à café de moutarde de Dijon, ou en grains
Sel & poivre du moulin

Faire revenir le bacon dans une poêle et réservez. Versez 2 cuillères à soupe du gras du bacon dans un bol et ajoutez le reste des ingrédients. Goûtez et rectifiez. Réservez à température ambiante (encore tiède, c'est un délice.)

VINAIGRETTE À LA VANILLE

1 petite gousse de vanille
5 cuillères à soupe d'huile d'olive ou d'huile neutre
Un peu de vinaigre de vin blanc ou de vinaigre de cidre
1 cuillère à café de moutarde de Dijon, classique ou en grains
1 cuillère à café de miel, du sel & poivre du moulin

Infusez la vanille grattée dans de l'huile tiède, laissez refroidir. Mélangez ensuite les ingrédients et ajustez les goûts.

VINAIGRETTE FIGUES & BALSAMIQUE

7 ou 8 figues coupées en morceaux
2 cuillères à soupe d'huile d'olive
2 cuillère à soupe de sirop d'érable ou de miel
Du thym frais, sel, poivre du moulin

Dans un petit plat et sur du papier cuisson, faites rôtir les figues à 200 °C pendant 10 à 15 minutes jusqu'à ce qu'elles soient juteuses et caramélisées. Laissez refroidir 10 à 15 minutes.

2 à 3 cuillères de vinaigre balsamique de qualité
4 à 5 cuillères d'huile d'olive
Quelques cuillères à café d'eau pour ajuster la texture
La moitié d'une gousse d'ail
Un peu de sel et de poivre du moulin
Les figues rôties ci-dessus

Mixez les ingrédients avec les figues rôties et le jus de cuisson. Ajustez la texture avec de l'eau et corrigez l'assaisonnement.

VINAIGRETTE AUX GRAINES DE FENOUIL

2 cuillères à café de graines de fenouil, toastées
4 cuillères à soupe d'huile d'olive
2 cuillères à soupe de jus de citron
2 échalotes ciselées finement
1 cuillère à café de miel ou de sirop d'érable
Sel, poivre du moulin

Le fait de toaster les graines libère les arômes dans la vinaigrette. Mélangez les échalotes avec le jus de citron, puis ajoutez les autres ingrédients, goûtez, corrigez l'assaisonnement et la texture. Cette vinaigrette est délicieuse dans une salade d'endives, ou de pommes de terres.

AUBERGINES MARINÉES ET PANÉES AU SÉSAME, BOULGOUR VERT, FETA, PICKLES & GRENADE —

Trop trop bonne cette salade ! Aubergines fondantes et boulgour frais aux herbes, c'est un duo gagnant !

Pour le boulgour très vert

200 g de boulgour cru*
1 ou 2 citrons bio (en fonction de leur taille)
1 botte entière de cébettes bien fraîches, bien croquantes (au moins 8-9 tiges)
1 botte de menthe
1 botte de coriandre
½ botte de persil plat
2 cuillères à soupe de harissa
Huile d'olive, sel et poivre du moulin

Pour les aubergines miso/sésame

2 aubergines bien dodues
4 cuillères à soupe de miso blanc
2 cuillères à soupe de miel
1 cuillère à soupe de harissa, ou quelques flocons de piment
2 cuillères à soupe de sauce soja salée
3 cuillères à soupe d'huile d'olive
1 cuillère à soupe d'huile de sésame grillé
Sésame blond et sésame noir, en quantité

Pour le service

1 bloc de feta (200 g environ)
Quelques cébettes et herbes fraîches en plus
Quelques pickles d'oignons rouge *(voir p. 115)*
Quelques graines de grenade

Le boulgour vert — Faites-le tremper dans de l'eau bouillante dans un saladier, en couvrant 1 cm au-dessus des graines, 10 minutes environ et laissez-le égoutter tranquillement. Sur le boulgour égoutté, dans un saladier, ajoutez les cébettes ciselées et toutes les herbes ciselées finement. Ajustez la quantité de vert si désiré (cébettes, herbes, etc.). Préparez ensuite la sauce en combinant 1 dose de jus de citron pour 3 doses d'huile d'olive (n'hésitez pas à doubler les doses, pour ajuster la quantité dans la salade et en garder au frais pour plus tard) et ajoutez la quantité de harissa désirée. Mélangez la sauce à la salade, goûtez pour rectifier l'assaisonnement (quantité de sauce, sel, poivre, etc.), puis réservez au frais.

Les aubergines panées — Préchauffez le four à 200 °C (th. 6-7) et couvrez 2 plaques allant au four avec du papier cuisson. Dans une assiette assez large, préparez la marinade. Puis, coupez les aubergines en gardant la peau, en quartiers généreux comme des potatoes. Dans une autre assiette creuse, mélangez du sésame blond et noir. Trempez les aubergines dans la marinade seulement sur la chair (et pas sur la peau) et panez-les avec le sésame. Déposez les aubergines panées sur les plaques et quand tout est prêt, enfournez pour 15 minutes. Retournez les morceaux d'aubergines délicatement puis enfournez à nouveau pour 5 minutes, en surveillant le degré de cuisson. Les aubergines doivent être fondantes et le sésame bien grillé.

Dressage — Dans un grand plat de service, versez le boulgour vert, puis déposez plein d'aubergines panées dessus (pas tout, le reste peut être servi dans un joli plat à côté), parsemez de feta, de cébettes et d'herbes ciselées, de grenade et de pickles d'oignons rouges.

NOTE ZÉRO GÂCHIS —— Conservez les restes de marinade au frais et vous pourrez y mariner du poisson, du poulet, ou même des légumes. Diluée avec un peu d'huile d'olive et un peu d'acidité, elle se transforme en vinaigrette explosive. On ne jette rien, on transforme toujours !

*** BOULGOUR / BULGUR / BOULGHOUR** — J'achète le mien en épicerie orientale. Fin, moyen ou plus gros grain, il y a plus de choix. Le rapport qualité prix est incomparable avec le boulgour de supermarché, insipide, industriel et cher. Le vrai boulgour ne se cuit pas comme du riz ou des pâtes. Il est juste rehydraté dans de l'eau bouillante pour conserver sa texture.

BON À SAVOIR —— Le boulgour aux herbes peut se préparer à l'avance et les aubergines plutôt avant la dégustation pour qu'elles soient tièdes et fondantes.

Pour 5 personnes | **Préparation** 35 à 40 min | **Cuisson** 20 min | **Total** 1 heure environ

Autant j'adore la mayonnaise *(maison !)*, autant dans la salade de pommes de terre, je trouve ça superflu. Cette recette est pleine de fraîcheur, ferme et fondante *(comme moi ?)*. Le secret, c'est de mettre la vinaigrette dans les pommes de terre encore tièdes !

SALADE DE POMMES DE TERRE AUX HERBES, RADIS & PICKLES, — SANS MAYONNAISE !

Pour la salade

1,5 à 2 kg de pommes de terre fermes
(en fonction des appétits !)
1 botte de radis colorés
1 ou 2 branches de céleri bien fraîches et croquantes
1 botte de cébettes et/ou d'oignons nouveaux bien frais
Des herbes au choix, au moins 2 bottes
(ciboulette, menthe, persil, coriandre, aneth, estragon…)

Pour la sauce, *quantités à ajuster selon les préférences*

1 ou 2 échalotes ciselées finement
1 cuillère à café de moutarde en grains
1 cuillère à café de moutarde de Dijon
1 cuillère à soupe de vinaigre de cidre
4 à 5 cuillères à soupe d'huile d'olive de qualité
Sel et poivre du moulin

À ajouter en plus si désiré

1 petit fenouil mandoliné très finement
Un peu de roquette hachée
Des olives, des câpres, du thon …

Préparation — Lancez la cuisson des pommes de terre entières avec la peau, dans un grand volume d'eau salée, jusqu'à ce que la pointe du couteau puisse entrer facilement dans les pommes de terre, mais sans que les pommes de terre se désintègrent dans l'eau non plus. Pour des pommes de terre moyennes, surveillez au bout de 20 minutes. On peut aussi choisir de les faire cuire à la vapeur si on a l'équipement pour. Déposez-les dans un plat pour qu'elles refroidissent jusqu'à ce qu'elles soient manipulables, environ 15 minutes pendant que vous préparez le reste.

En ce qui concerne le fait de les peler, c'est personnel, si la peau est fine, on peut facilement la laisser, sinon épluchez-les si vous préférez et coupez-les en morceaux de taille moyenne.

Préparez la sauce, en mélangeant d'abord les échalotes avec les moutardes et le vinaigre, puis allongez avec de l'huile d'olive. Salez, poivrez et versez rapidement sur les pommes de terre encore tièdes, c'est ce qui permet aux pommes de terre de bien s'imprégner.

Par-dessus, ajoutez les radis tranchés finement *(au couteau ou à la mandoline)*, le céleri coupé en tranches fines, quelques tiges de cébettes (ou oignons nouveaux, ou un mélange des 2) ciselées finement ainsi que les herbes hachées. Salez, poivrez et remuez délicatement pour ne pas transformer la salade en purée. Goûtez et rectifiez l'assaisonnement. Gardez au frais jusqu'au service.

Pour 4 personnes | **Préparation** 15 à 20 min | **Cuisson** 20 à 25 min | **Total** 35 à 45 min

MES SANDWICHS AU BBQ, LOVE STORY D'ÉTÉ

BLT *(BACON, LETTUCE, TOMATO)* AU CHÈVRE FRAIS AUX HERBES & AUX CÉBETTES

Pour les *buns* maison

(On peut aussi utiliser des buns déjà prêts !)

1 œuf *(+ 1 jaune d'œuf pour la dorure)*

Quelques graines de sésame (ou pas)

250 g de farine classique (T55 ou T65)

1 sachet de levure boulangère sèche

1 cuillère à soupe de sucre

100 ml de lait

15 g de beurre à température ambiante

1 cuillère à café de sel

Pour la garniture

1 chèvre frais type Petit Billy® pour 4 personnes

2 tranches de bacon par personne

1 à 2 feuilles de salade par personne

1 à 2 tranches de tomate par personne

Des herbes fraîches au choix (ici estragon et aneth)

Quelques tiges de cébettes

1 citron (pour un peu de jus et un peu de zeste)

Un peu d'huile d'olive

Du sel et du poivre du moulin

Pour 4 beaux sandwichs (ou 6 plus petits)

— **Préparation** 30 min (pâte + garniture)

— **Repos** 2 heures (ou la veille)

— **Cuisson** 10 à 15 min (les buns)

Dans la cuve d'un robot, pétrissez tous les ingrédients jusqu'à ce que la pâte se détache. Ajoutez un peu de farine si besoin. Débarrassez dans un saladier huilé, couvrez et laissez pousser jusqu'à ce que la pâte ait doublé (2 heures environ). Vous pouvez la préparer la veille et la laisser la nuit au frais. Sur un plan de travail légèrement fariné, coupez la pâte en fonction du nombre de *buns* désiré et façonnez-les bien ronds. Déposez-les bien espacés sur la plaque sur laquelle ils cuiront, sur du papier cuisson, farinez les un peu avant de les couvrir avec un torchon propre et laissez pousser encore 1 heure. Préchauffez le four à 190 °C (th. 6-7) et avant la cuisson, badigeonnez chaque *bun* avec un peu d'œuf battu, saupoudrez d'un peu de sésame (ou pas), puis enfournez environ 10 à 12 minutes pour 6 *buns* (12 à 15 minutes pour 4 *buns*). Ils doivent être bien dorés. Laissez refroidir 10 minutes environ avant de les couper.

Mélangez le chèvre frais avec des herbes ciselées, des cébettes, du jus et du zeste de citron, un peu d'huile d'olive, sel et poivre. Goûtez & rectifiez. Faites griller le bacon au barbecue, grillez les buns et montez les sandwichs avec du chèvre, de la tomate, de la salade et le bacon grillé. Dégustez sans tarder !

PAIN ORIENTAL, BOULETTES DE SAUCISSE AUX ÉPICES, SALSA NECTARINE, TOMATE & CONCOMBRE, FETA FOUETTÉE ÉPICÉE

Pour les boulettes de saucisse

500 g de chair à saucisse nature

Quelques oignons nouveaux ou quelques tiges de cébettes

Des herbes fraîches hachées

Des épices *(cumin, piment d'Espelette, curcuma, paprika fumé)*

Un peu de harissa en tube

Sel, poivre du moulin et quelques flocons de piment

Pour la garniture

Des pains orientaux, ou des pitas *(voir encadré)*

1 belle nectarine, ou 2 petites

½ concombre ou 2 petits

Une dizaine de tomates cerise

1 citron

1 bloc de feta (200 g environ)

Un peu de yaourt à la grecque

Des herbes fraîches entières, de jolies feuilles, sans les tiges

Du miel

De l'huile d'olive

Du sel, du poivre du moulin

Quelques flocons de piment

Pour 4 beaux sandwichs

— **Préparation** 25 min

— **Cuisson** 10 min

— **Total** 35 min

Mélangez tous les ingrédients pour faire les boulettes, ajustez la harissa et les épices en fonction de vos envies. **J'aime les blinder d'herbes et d'oignons**, ça permet de donner de la fraîcheur et de garder du mœlleux même après la cuisson. Formez des boulettes et réservez-les au frais.

Préparez la salsa en coupant les nectarines, les concombres et les tomates en dés de tailles similaires. Ajoutez un peu d'huile d'olive, de jus de citron, du sel et du poivre. Goûtez, rectifiez, réservez. Fouettez la feta avec du yaourt, du miel, du piment et un peu de poivre jusqu'à obtenir une consistance fouettée et le goût qui vous convient. *Ce combo est addictif !*

Grillez les boulettes au barbecue en les aplatissant pour qu'elles caramélisent. Surveillez la cuisson, il faut que le porc soit cuit. Dans chaque pain, alternez feta fouettée, boulettes, salsa, et des herbes fraîches, dégustez immédiatement !

LES PAINS ORIENTAUX —— 1 euro le sachet en épiceries orientales. Rapport qualité/prix imbattable. Sinon, une baguette croustillante !

CUISINE DU — MONDE

Rien de tel qu'un voyage dans l'assiette, à défaut d'un billet d'avion.

Boulettes, curry, lait de coco, épices tandoori. Un chapitre qui explose de saveurs, avec une majorité de recettes préparables à l'avance, pour éblouir vos invités en gardant presque vos mains dans vos poches !

BOULETTES DE VIANDE AUX RAISINS ET AUX ÉPICES — SAUCE TOMATE CONFITE ET RELEVÉE, FETA & HERBES FRAÎCHES

Mœlleuses et texturées à souhait, ces boulettes sont tellement bonnes qu'on les mangerait toutes seules. L'ajout des raisins n'est pas obligatoire mais c'est vraiment un plus !

Pour les boulettes

500 g de viande hachée — *ici du bœuf, mais on peut remplacer par de l'agneau, du porc haché, ou même du veau*

40 g de raisins de Corinthe — *ou de raisins secs, mais les raisins de Corinthe sont plus petits*

40 g de pain sec haché — *ou 20 g de chapelure classique, ou 30 g de chapelure japonaise panko*

1 œuf

20 g de parmesan râpé

2 gousses d'ail

30 g d'herbes hachées — *persil, menthe, coriandre, vraiment tout ce que vous avez sous la main*

½ cuillère à café d'origan

½ cuillère à café de mélange 4-épices

1 belle pincée de flocons de piment

½ cuillère à café de sel

1 cuillère à café de poivre fraîchement moulu

Pour la sauce tomate

2 gousses d'ail pelées et hachées finement

1 belle échalote hachée (ou 2-3 oignons nouveaux),

500 ml de coulis de tomates

1 boîte de tomates concassées, ou tomates pelées (400 g)

7 à 8 cuillères à soupe d'huile d'olive *(ou plus !)*

Sel, poivre du moulin, flocons de piment

Pour le dressage

½ bloc de feta (environ 100 g)

2 à 3 tiges de cébettes

Quelques tous de moulin à poivre

La sauce — Dans une poêle, faites revenir l'échalote (ou les oignons nouveaux) dans une quantité non négligeable d'huile d'olive, à feu moyen pour ne pas les faire brûler. Au bout de 10 minutes, ajoutez l'ail et continuez la cuisson sans changer la force du feu. Quand tout est délicieusement odorant, ajoutez les tomates concassées, le coulis et une pincée de flocons de piment *(facultatif)*. Baissez le feu et laissez mijoter 30 minutes environ pour que la sauce ait le temps de confire, remuez de temps en temps. Préparez les boulettes.

Les boulettes — Dans un grand saladier, mélangez les ingrédients et à l'aide d'une cuillère à glace (qui permet de doser de façon régulière), formez une quinzaine de boulettes (délicatement pour qu'elles soient à peu près rondes, sans trop les compresser). Réservez. *Vous pouvez aussi utiliser une balance et peser chaque boulette, team précision.*

Quand la sauce est prête, un peu réduite, confite et délicieuse, versez-la dans un plat allant au four assez grand pour contenir les boulettes. Préchauffez le four, chaleur tournante, à 200 °C.

Cuisson et finitions — Passez un peu de papier absorbant rapide dans la poêle de la sauce tomate et faites revenir les boulettes en plusieurs fois, à feu vif dans un peu d'huile d'olive *(utiliser 2 poêles, c'est s'ajouter de la vaisselle inutile : non merci !)*. Saisissez les boulettes sur toutes leurs faces *(je suis consciente qu'une boulette, ronde donc, n'a pas de faces, mais on se comprend)*, pour qu'elles soient bien dorées de partout. Déposez-les dans le plat de sauce et finissez la cuisson au four pendant 10 minutes. Émiettez la feta dessus et enfournez à nouveau jusqu'à ce que la feta soit partiellement fondue/dorée, environ 5-7 minutes. Hors du four, finissez avec les cébettes ciselées et quelques tours de moulin à poivre.

ACCOMPAGNEMENT — Pour moi, une boulette réussie, c'est une boulette qui peut se déguster sans aucun accompagnement. Bien sûr, elles seront délicieuses avec une pasta à l'huile d'olive et maxi-parmesan, ou avec du riz, ou du boulgour. Et personnellement, j'aime bien aussi les servir avec un peu de pain grillé et une belle salade verte.

VARIANTES — Rendez-les plus *italiennes* et dressez-les avec des copeaux généreux de parmesan et du basilic ciselé. Du *garlic bread*, un verre de Chianti et le dîner est servi !

Pour 4 à 5 personnes | **Préparation** 40 min | **Cuisson** 30 min (sauce) 20 min (boulettes) | **Total** 1 heure 30 min

TARTE AUX TOMATES — RICOTTA FOUETTÉE AU ZAATAR

Avec les meilleures tomates de fin d'été, cette tarte est parfaite. Faire sa pâte maison permet de la pimper au gré de ses envies.

Ici, elle est agrémentée de zaatar, pour une explosion de saveurs à chaque bouchée.

Pour la pâte
Pour un moule de 25 cm avec un fond amovible

1 cuillère à café de zaatar

1 cuillère à café de thym

200 g de farine (on peut oser des farines qui changent un peu, ou faire un mélange de plusieurs farines)

70 à 75 ml d'eau bien froide

100 g de beurre salé froid

Pour la garniture

Des tomates, de toutes formes, toutes couleurs, grosses, petites, en grappes ou non – *il n'y a jamais trop de tomates, car au pire, on fait une salade avec le surplus !*

1 pot de ricotta

1 œuf

1 oignon (jaune ou rouge)

Du zaatar

Un peu d'huile d'olive et de vinaigre balsamique

BON À SAVOIR —— J'ai toujours plus confiance dans une pâte maison que dans une pâte du commerce, donc je ne mets pas de papier cuisson car j'utilise en plus un moule dont le fond est amovible, ce qui facilite le démoulage.

On peut tout à fait utiliser une pâte industrielle en dépannage et ne pas avoir de moule avec un fond amovible ; le cas échéant, je conseille de garder le papier sous la pâte.

NOTE —— Alors oui, cette recette se retrouve peut être étonnamment dans le chapitre de la cuisine du monde, mais cette touche de zaatar nous fait quand même voyager, et *il fallait prendre des décisions de classement* ! :)

La pâte — Dans un saladier, versez tous les ingrédients sauf l'eau et avec les doigts, écrasez le beurre jusqu'à obtenir une consistance grossière avec des paillettes de beurre de tailles irrégulières. Ajoutez l'eau en filet jusqu'à obtenir une pâte facile à travailler. Attention à ne pas la surpétrir car la texture sera moins intéressante une fois cuite. Filmez et laissez prendre un peu au frais, 15 à 20 minutes.

La garniture — Hachez l'oignon et faites-le revenir dans une poêle avec un peu d'huile d'olive et de sel et quand il est confit, ajoutez 1 cuillère à soupe de vinaigre balsamique. Réservez hors du feu. Dans un saladier, mélangez la ricotta avec l'œuf, les oignons et 1 cuillère à café de zaatar.

Préchauffez le four à 200 °C (th. 6-7). Abaissez la pâte et préparez le moule *(voir note)*. Étalez le mélange à la ricotta au fond et disposez les tomates coupées, joliment, en alternant les formes et les couleurs.

Cuisson — Enfournez pour 30 à 40 minutes. Vérifiez la cuisson au bout de 30 minutes. En fonction de certains fours, cela peut suffire, n'hésitez pas à prolonger de 10 minutes jusqu'à obtenir une cuisson et une coloration optimale. Attendez une dizaine de minutes avant de couper la tarte.

Cette tarte est à manger le jour-même, car considérant la quantité de tomates (et donc de jus), la pâte risque de ramollir rapidement.

Pour 4 personnes
Ceux qui disent *pour 6*, personne ne vous croit :) | **Préparation** 25 min | **Cuisson** 40 min | **Total** 60 min

TACOS AU SAUMON TANDOORI AVEC SANJEE, — CHUTNEY COCO & CORIANDRE

Une recette concoctée avec ma partenaire de bonne bouffe, Sanjee, du blog *Bollywood Kitchen* qu'on ne présente plus. Une recette simple, délicieuse et facilement adaptable pour de grandes tablées !

Pour la marinade

2 à 3 pavés de saumon *(en fonction de la taille)*

1 yaourt à la grecque (125 g)

1 gousse d'ail pelée et râpée

2 cm de gingembre frais pelé et râpé

2 cuillères à café du mélange Tandoori de **Nomie**

Le jus d'1 citron jaune (ou 2 petits citrons verts)

½ cuillère à café de sel fin

Pour le chutney coco & coriandre

40 g de noix de coco râpée fraîche *(en épicerie indienne)* ou 20 g de noix de coco râpée séchée + 20 g d'eau tiède (faire tremper pendant 15 minutes)

1 cuillère à soupe de yaourt à la grecque *(facultatif)*

½ gousse d'ail pelée et râpée

La moitié d'1 botte de coriandre (feuilles et tiges)

1 ou 2 cuillères à soupe de miel (ajustez en goûtant)

100 g de jus de citron

Sel, *au goût*

Pour servir

Du chou blanc ou rouge, haché en lamelles très fines

1 avocat, pelé et coupé en tranches

1 oignon rouge, mandoliné finement, en pickles ou pas

Quelques quartiers de citron vert

Quelques feuilles de coriandre fraîche

Des petites tortillas de blé ou de maïs (environ 15 cm), comptez 3 par personne *(si c'est le format « moyen » des commerces classiques, comptez 2 par personne)*

Pour les pickles – *pour 1 oignon rouge*

1 oignon rouge, pelé et coupé en fines lamelles

2 cuillères à soupe de sirop d'érable ou de miel

200 g d'eau

115 g de vinaigre (de cidre ou de riz)

1 cuillère à café de sel

Pickles, *préparable à l'avance* — Ce n'est pas obligatoire de préparer l'oignon en pickles, les tacos seront délicieux avec de l'oignon rouge cru mandoliné finement. Pour faire vos pickles, déposez l'oignon en lamelles dans un bocal en verre propre et sec et dans une petite casserole, faites chauffer les autres ingrédients. Quand le sel et le sucre ont fondu, versez le liquide chaud sur les oignons et laissez reposer jusqu'à utilisation.

Marinade et chutney, *préparable à l'avance* — Dans un bol, réunissez tous les ingrédients, goûtez, corrigez l'assaisonnement (en sel et en intensité d'épices) et dans un récipient plat, enrobez généreusement les morceaux de saumon. Laissez-les mariner au frais, couverts d'un film alimentaire ou dans un récipient hermétique (pour limiter les odeurs).

Dans un petit mixeur, mixez tous les ingrédients du chutney sans chercher à obtenir une sauce trop lisse et corrigez l'assaisonnement, pour le côté acide, salé, en fonction de vos goûts. Ce petit chutney doit exploser en bouche !

Cuisson — Préchauffez le four en mode gril fort (250 °C – th. 8-9). Dans un plat tapissé de papier cuisson *(beaucoup plus facile pour nettoyer ensuite)*, déposez seulement les morceaux de saumon bien enrobés, sans ajouter le reste de marinade dans le plat, on ne s'en servira pas (vous pouvez faire mariner encore du poisson dedans pour une autre recette). Enfournez pour 10 à 15 minutes en fonction de la taille des pavés de saumon, jusqu'à ce qu'ils soient cuits au centre. Le poisson doit être bien grillé, cuit et se détacher facilement en copeaux avec une fourchette.

Dressage — Déposez dans chaque taco un peu de chou émincé, quelques pickles, des copeaux généreux de saumon cuit (tiède ou froid), quelques tranches d'avocat et un peu de chutney. Finissez avec quelques feuilles de coriandre et du citron vert.

GAIN DE TEMPS —— Tous les éléments peuvent se préparer à l'avance et séparément, pour être ensuite assemblés au moment de la dégustation. Le saumon aux épices est aussi délicieux froid.

Pour 2 à 3 personnes | **Préparation** 45 à 50 min | **Cuisson** 15 min | **Total** 1 bonne heure

CHILI CON CARNE — BACON & TOPPINGS

Un des succès du blog ! Très simple à préparer, il cuit tout seul et c'est un plat de *rassurance* (mon approche de la *comfort food*). Il est idéal à faire à l'avance, il se congèle parfaitement, pour satisfaire les envies subites de chili, qui peuvent arriver !

Pour les boulettes

800 g de bœuf haché
4 belles tranches de bacon épaisses, coupées en dés
1 conserve de haricots rouges (600 à 800 g), rincés, égouttés
2 belles carottes, pelées et coupées en dés assez petits
1 branche de céleri, coupée en petits dés
1 poivron (couleur libre), coupé en dés
3 à 4 gousses d'ail en fonction de leur taille
1 oignon rouge, coupé en dés
1 grosse conserve de tomates entières ou concassées, de qualité, d'au moins 500 g
1 petite conserve de concentré de tomates
1 cube de bouillon de bœuf (facultatif)
2 cuillères à café de cumin en poudre (voir encadré)
1 cuillère à café généreuse de cannelle moulue
1 cuillère à café de piment d'Espelette
½ cuillère à café de piment fumé
5 à 7 cuillères à soupe d'huile d'olive
Du sel et quelques tours de moulin à poivre

Pour servir

Du riz blanc cuit
(comptez 1 gros verre de riz cru pour 2 à 3 personnes selon les appétits, mais les restes seront toujours les bienvenus)
Des quartiers de citron vert
De la coriandre fraîche
De la *hot sauce* de votre choix
De la crème fraîche épaisse

Et pourquoi pas...

Du bon cheddar râpé, acheté en fromagerie
Des lamelles d'avocat

Préparation — Dans une grande cocotte type Le Creuset®, sur feu assez fort, faites revenir l'oignon dans l'huile d'olive et salez un peu dès cette étape. Au bout de quelques minutes, ajoutez le bacon coupé en morceaux et continuez de mélanger, toujours sur feu assez vif. Quand c'est bien grillé et que le bacon a rendu un peu de gras, ajoutez les carottes et le céleri. Continuez pendant environ 5 minutes. Ajoutez ensuite le poivron et l'ail. Puis la viande, que vous casserez avec une cuillère en bois pour la réduire en petits morceaux.

Poursuivez la cuisson en remuant fréquemment et en ajoutant un peu d'huile d'olive si nécessaire. Quand elle est cuite et un peu grillée à certains endroits, ajoutez d'abord les épices pour qu'elles relâchent leurs arômes avec la chaleur, puis les tomates, le concentré de tomates et 2 verres d'eau chaude. Laissez revenir à petite ébullition en remuant assez souvent.

Baissez le feu et laissez mijoter pendant 1 heure environ à feu doux, avec un couvercle posé en biais sur la cocotte pour permettre que le chili se concentre un peu en goût et en texture. Ajoutez les haricots rouges et laissez mijoter encore 10, 15 ou 30 minutes à feu doux, en fonction du temps que vous avez. *Je comprendrais que vous ayez faim !* Goûtez, rectifiez l'assaisonnement en épices, en sel et poivrez généreusement. Ne servez pas brûlant, mais juste chaud, au risque de perdre un peu les goûts et d'écoper d'une brûlure de langue !

Service & *toppings* — Dans des assiettes, idéalement creuses *(oui, sur la photo elles ne le sont pas...)*, déposez quelques cuillères de riz, ajoutez le chili par-dessus et finissez par un peu de crème fraîche épaisse, quelques gouttes de *hot sauce*, des quartiers de citron vert et de la coriandre fraîche. Les toppings en plus sont aussi délicieux, mais parfois j'aime réduire les toppings pour profiter au mieux de la recette. *Libre à vous !*

NOTE SUR LES ÉPICES — Pour les épices, les proportions que je donne sont relativement légères et peuvent être modifiées et augmentées librement, notamment à la fin, en goûtant et en rectifiant l'assaisonnement.

Pour 6 à 8 personnes | **Préparation** 30 min | **Cuisson** 1 heure à 1 heure 30 | **Total** 2 heures maximum

CURRY MULTILÉGUMES — POIS CHICHES & LAIT DE COCO

Encore une rassurance tirée du blog ! À manger direct dans un bol, avec une cuillère, c'est le paradis ! Cette recette est une merveilleuse base à adapter tout au long de l'année en fonction des produits de saisons.

Pour le curry

Quelques mini-aubergines (ou 1 grande), coupées en morceaux de taille moyenne, en gardant la peau

1 petite tête de brocoli, coupée en petits morceaux

1 poivron rouge, coupé en lamelles pas trop longues

1 courgette (ou 2 petites), coupées en morceaux moyens

1 conserve de pois chiches (250 à 300 g), rincés et égouttés

2 petites gousses d'ail, hachées

2 cuillères à soupe de pâte de curry rouge
à ajuster en fonction du degré de piquant souhaité

½ cuillère à café de gingembre frais râpé, ou haché finement

Les tiges d'un petit bouquet de coriandre
(on garde les feuilles pour le service)

400 à 600 ml de lait de coco
(ou moitié crème de coco/lait de coco, à ajuster en cours de cuisson et en fonction du volume des ingrédients)

De la sauce nuoc-mâm

De l'huile d'olive ou de beurre de noix de coco

Pour servir

Du riz blanc cuit, ou de riz complet
(comptez 1 gros verre de riz cru pour 2 à 3 personnes selon les appétits, mais les restes seront toujours les bienvenus)

Des quartiers de citron vert

Des cébettes fraîches

Des feuilles de coriandre fraîche

Quelques copeaux de noix de coco grillés

Préparation — Dans une grande poêle style wok, ou dans une cocotte, faites chauffer un peu d'huile (coco ou olive) et faites revenir les aubergines en morceaux à feu assez vif. N'hésitez pas à ajouter un peu de matière grasse si les aubergines l'absorbent beaucoup. Quand elles sont dorées, ajoutez le poivron rouge, le brocoli et la courgette et salez un peu. Remuez, laissez cuire 5 minutes, en restant sur un feu moyen-vif, pour attendrir un peu les légumes *(voir l'encadré)*.

Ajoutez ensuite l'ail, le gingembre, les tiges de coriandre hachées finement et la pâte de curry rouge avec quelques cuillères à soupe d'eau chaude pour aider la pâte de curry à se mélanger aux légumes. Faites revenir tout ça jusqu'à ce que les légumes soient bien enrobés, c'est en la faisant chauffer que la pâte de curry libère ses goûts. Laissez cuire environ 5 minutes en couvrant à nouveau, puis ajoutez le lait de coco et augmentez le feu pour faire rapidement bouillir la préparation, puis réduisez à feu doux, couvrez et laissez cuire encore 5 à 10 minutes. Ce temps est à adapter en fonction des différents légumes choisis pour la recette.

Si vous avez plus de légumes que dans la recette initiale, ajoutez un peu de lait/crème de coco. Ajoutez ensuite les pois chiches et une première poignée de coriandre ciselée. N'hésitez pas à rectifier l'assaisonnement ainsi que la texture (avec de l'eau ou du lait de coco). Finissez avec un trait de sauce nuoc-mâm qui va donner du relief au plat.

Service — Servez le curry chaud mais pas bouillant, dans des assiettes creuses *(toujours !)*, accompagné de riz, de coriandre fraîche, de cébettes ciselées finement et de copeaux de noix de coco grillés. Pressez du citron vert avant la dégustation. Bon appétit !

VARIANTES DE SAISONS

Printemps : petits pois, carottes jeunes, brocolis, fèves *(à peler 2 fois)*, artichauts, navets botte…

Été : fèves, poivrons, aubergines, courgettes jaunes, vertes, haricots plats, pois mange-tout, tomates cerises…

Automne : panais, butternut, haricots verts, mélange de champignons, patate douce, topinambours, épinards…

Hiver : choux de Bruxelles, potimarron, pommes de terre, poireaux, brocolis, céleri-rave, navets, blettes…

BON À SAVOIR —— Commencez toujours par les légumes les plus longs à cuire et au fur et à mesure, ajoutez les autres. Par exemple, d'abord les carottes, la butternut, les navets, les panais et ensuite les courgettes, petits pois, poivrons …

Pour 4 personnes | **Préparation** 20 à 25 min | **Cuisson** 20 à 30 min | **Total** 40 à 55 min

AROY-D
Pâte de Curry Rouge
RED CURRY PASTE
NƯỚC MẮM

LE SUCRÉ

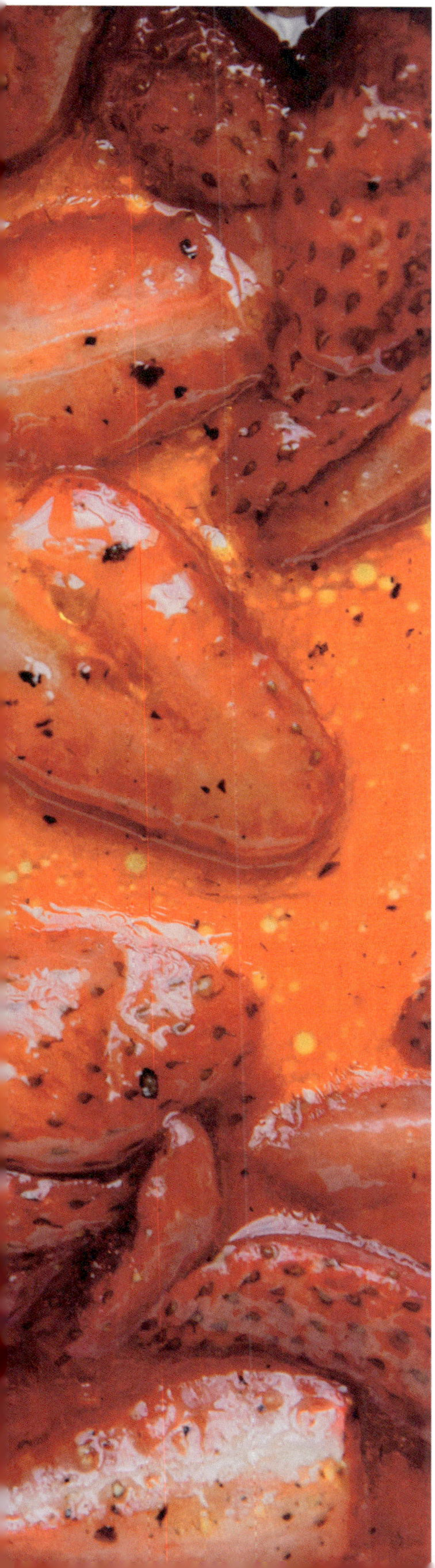

L'HEURE DU — DESSERT

LES DESSERTS !
Choisir, c'est renoncer, *mais ces desserts*, vos invités n'y renonceront pas.

Du simple et du plus complexe, mais du 100% délicieux et addictif. Avec des classiques twistés aussi, comme la crème caramel, la tarte tatin *crumble-isée* et un tiramisu aux airs de Pim's®, je n'en dis pas plus, plongez dans le chapitre !

PALLARES
SOLSONA

LA TARTE DE MAMAN, POIRES & CHOCOLAT

Mon premier souvenir de cette tarte, c'était la surprise de découvrir le chocolat caché sous les poires... Facile, délicieuse et idéale à préparer à l'avance.

Pour la pâte

160 g de farine classique
15 g de sucre
70 g d'eau très froide
115 g de beurre salé froid

Pour la garniture

1 conserve de poires au sirop (environ 400 g)*
1 tablette entière de chocolat noir Nestlé® Dessert
20 g de cassonade, ou de sucre de canne complet pour saupoudrer pendant la cuisson au four
1 bouteille de 25 cl de crème fleurette (la moitié pour la ganache et l'autre pour l'appareil ci-dessous)

**J'utilise des poires au sirop déjà prêtes dans un souci d'optimisation du temps. On peut tout à fait la préparer avec des poires pochées maison, dans un sirop que l'on peut aromatiser avec du thé chai, du thé Earl Grey, des épices et même avec un peu d'alcool...*

Pour l'appareil

3 œufs
100 g de sucre
12,5 cl de crème liquide réservée

La pâte — Dans la cuve d'un Robot-Coupe® *(voir note)*, versez la farine et le sucre et appuyez sur la touche *pulse* 2 à 3 fois. Ajoutez le beurre bien froid en cubes et appuyez 10 fois brièvement sur *pulse*. Ajoutez l'eau et renouvelez les 10 *pulse*. À ce stade, la pâte est grossière et sableuse, c'est normal. Débarrassez le tout au centre d'un torchon propre et serrez le torchon pour compresser la pâte et former une sorte de disque. Filmez-le et réservez-le au frais. Sur un plan de travail fariné, étalez la pâte à tarte, foncez le moule, coupez ce qui dépasse et mettez-le au congélateur le temps de faire la ganache. Je fais toujours confiance à la pâte, je ne mets pas de papier cuisson entre la pâte et mon moule dont le fond est amovible.

La garniture — Pour la ganache, dans un saladier, versez la moitié de la crème (12,5 cl) bien chaude sur le chocolat grossièrement coupé. Laissez reposer 2 à 3 minutes, puis avec un fouet, mélangez en partant du centre pour homogénéiser et obtenir une ganache brillante et lisse. Sortez le moule avec la pâte et étalez la ganache au fond, de façon bien lisse. Remettez-le tout au congélateur (une fois que le chocolat sera dur, vous pourrez verser l'appareil liquide autour des poires sans avoir peur que le chocolat ne remonte).

Pendant ce temps, égouttez les poires au sirop et coupez-les en tranches fines (mais en gardant la forme de la poire – *voir photo*), réservez-les. Préchauffez le four à 200 °C (th. 6-7) et préparez l'appareil liquide en battant les œufs avec le sucre et les 12,5 cl de crème restante. Sortez le moule du congélateur et déposez les poires joliment sur le chocolat puis versez l'appareil autour des poires, de façon à cacher le chocolat.

Cuisson — Enfournez pour 20 minutes, puis saupoudrez avec la cassonade et poursuivez la cuisson jusqu'à ce que la pâte soit cuite et dorée. Cela peut prendre entre 30 et 40 minutes en tout en fonction des fours, surveillez ! Le mélange va gonfler et retomber à la sortie du four, c'est normal. Dégustez tiède ou froid, mais tiède avec une boule de glace, c'est plutôt pas mal.

NOTE GOURMANDE — Pour déguster la tarte tiède même en la préparant à l'avance, repassez-la à peine 10 minutes au four à 150 °C (th. 5).

NOTE TECHNIQUE — En la faisant de cette façon, cela permet de ne pas surmélanger la pâte et qu'elle ne devienne pas trop élastique. Parsemée de beaux morceaux de beurre, elle aura une texture optimale après cuisson.

Pour 1 moule de 28 cm | **Préparation** 20 à 30 min | **Cuisson** 30 à 40 min | **Total** 60 min maximum

Mes deux mamies avaient leur recette fétiches. Quand la crème caramel sortait du four, l'odeur du caramel nous faisait débouler en 2 secondes dans la cuisine pour assister au démoulage. J'adore ce dessert, il est simple, préparé avec peu d'ingrédients et faisable la veille *(fortement recommandé !).*

Pour le caramel à l'orange

200 g de sucre blanc

1 beau zeste d'orange prélevé sur l'orange prévue pour la crème

3 cuillères à soupe de jus de l'orange zestée

1 cuillère à soupe d'eau

Pour la crème

4 gros œufs

1 gousse de vanille

Les zestes d'1 orange entière, prélevés avec un économe *(moins celui prélevé pour le caramel)*

4 feuilles de laurier

50 g de sucre

240 ml de crème fleurette

240 ml de lait entier

1 pincée de fleur de sel

Matériel

1 moule à charlotte, 1 moule à brioche ou 1 moule à flan *En tout cas, un moule qui peut passer au bain-marie sans risque de fuites*

1 plat assez grand pour contenir le moule choisi au bain-marie avec l'eau chaude à mi-hauteur

Le caramel — Dans une poêle, sur feu moyen, laissez fondre tranquillement le sucre avec l'eau, le jus d'oranges et une bande de zeste d'orange (prélevée avec un économe). C'est important de ne pas mélanger le caramel avec un ustensile, il faut plutôt secouer la poêle pour égaliser la coloration. Quand le caramel commence à être bien coloré, retirez le zeste d'orange et versez-le directement dans le moule. Secouez le moule sans vous brûler pour répartir le caramel partout, laissez refroidir.

La crème — Faites chauffer le lait, la crème et le sucre et quand le mélange est chaud (et le sucre fondu) ajoutez, hors du feu, la vanille (ainsi que les gousses grattées), les gros zestes d'orange à l'économe, les feuilles de laurier et la pincée de fleur de sel. Dans un saladier, battez les œufs et ajoutez le liquide chaud petit à petit à travers une passoire fine, en remuant continuellement pour ne pas que les œufs cuisent. Pour obtenir une crème très lisse, vous pouvez passer à nouveau cette mixture à travers une passoire encore plus fine, mais cette étape est facultative.

La cuisson — Préchauffez le four à 150 °C (th. 5). Mettez une bouilloire d'eau à chauffer. Avant de verser l'appareil sur le caramel refroidi, beurrez légèrement les côtés du moule, cela facilite le démoulage après la cuisson. Placez le moule avec le caramel dans le plat qui ira au four ensuite et versez l'appareil sur le caramel refroidi. Versez de l'eau bouillante tout autour du moule et jusqu'à mi-hauteur. Enfournez délicatement à mi-hauteur, pour 40 minutes au départ. Vérifiez la cuisson avec la pointe d'un couteau, qui doit ressortir nette. Si ce n'est pas le cas, prolongez la cuisson de la crème d'environ 5 minutes à chaque fois. Sortez le moule du bain-marie, laissez refroidir à température ambiante puis gardez-le au frais jusqu'à la dégustation.

J'aime bien poser le moule sur ma plaque à induction quelques secondes à feu vif juste pour ramener le caramel à la vie et ne pas en perdre une goutte. Passez un couteau le long du moule et posez une assiette ou un plat à l'envers sur le moule puis retournez d'un coup sec pour éviter les fuites de caramel. ***Le drame !***
Servez avec du caramel en plus sur chaque portion.

Pour 4 personnes | **Préparation** 20 min | **Cuisson** 40 à 50 min | **Repos** 1 heure au frais (ou la veille) | **Total** 2 heures

— CRÈME CARAMEL AU LAURIER & À L'ORANGE

BON À SAVOIR — Délicieuse aussi nature, j'adore l'aromatiser en fonction des saisons… Citron, verveine, feuilles de figuier infusées dans le lait chaud… J'ai découvert l'association orange/laurier grâce à Ottolenghi et j'aime beaucoup l'appliquer dans d'autres recettes.

— PANNA COTTA À LA FLEUR D'ORANGER & RHUBARBE RÔTIE

J'adore le goût de la fleur d'oranger, surtout quand elle est de qualité. Je la trouve dans les épiceries orientales. Avec la rhubarbe rôtie aux épices, c'est un délicieux dessert léger et fruité, que l'on peut en plus préparer à l'avance et garder en « kit » pour assembler à la dernière minute.

Pour la panna cotta

15 cl de crème fleurette liquide
20 cl de lait entier
2 feuilles de gélatine
4 cuillères à soupe d'eau de fleur d'oranger (ou plus)
15 g de sucre ou du sucre vanillé
Un peu d'extrait de vanille *(pas trop pour ne pas couvrir le parfum de la fleur d'oranger)*
4 contenants

Pour la rhubarbe rôtie

4 à 5 tiges de rhubarbe, lavée et équeuttée, sans filaments
1 citron
1 orange
2-3 étoiles de badiane *(anis étoilé)*
Un peu de miel
1 à 2 cuillères à soupe de sucre de canne complet

La panna cotta — Faites tremper les feuilles de gélatine dans de l'eau froide. Dans une casserole, faites chauffer la crème, le lait et le sucre sans atteindre l'ébullition, puis ajoutez la gélatine essorée dans la crème chaude, hors du feu. Fouettez pour faire fondre la gélatine et ajoutez l'extrait de vanille (un peu !) et l'eau de fleur d'oranger. Ajustez la quantité si vous voulez beaucoup la sentir ou si vous voulez qu'elle soit plus subtile. Remplissez les 4 ramequins prévus avec des quantités similaires et laissez prendre au frais, minimum 4 heures, mais une nuit c'est l'idéal.

La rhubarbe rôtie — Préchauffez le four à 200 °C (th. 6-7). Dans un plat allant au four, mélangez la rhubarbe lavée et coupée en tronçons avec le sucre de canne, le jus du citron (laissez aussi l'écorce du citron dans le plat après l'avoir pressé), le jus d'½ orange, quelques zestes d'orange prélevés avec un économe, les étoiles de badiane et ajoutez 2 à 3 cuillères à soupe de miel par-dessus. Quand les tronçons de rhubarbe sont bien enrobés de tout ce mélange, étalez-les en une seule couche, il ne faut pas qu'ils se superposent.

Enfournez d'abord pour 15 minutes et surveillez la cuisson. Vous pouvez arroser de jus de cuisson avec une cuillère pendant la cuisson si la rhubarbe a l'air un peu sèche. Vous pouvez également ajouter le jus de la ½ orange restante si vous le souhaitez. Prolongez la cuisson de 5 minutes en 5 minutes, puis quand la rhubarbe est cuite, laissez refroidir hors du four. Plus vous cuirez la rhubarbe, plus elle sera fragile au service, car elle va compoter.

Service — Vous pouvez démouler les panna cotta, ou pas. J'aime bien les servir directement dans les contenants car cela permet de contenir le jus avec la rhubarbe au moment du service. Pour les démouler, passez la lame d'un couteau le long des bords du ramequin et démoulez précautionneusement dans des assiettes à dessert. Servez avec quelques morceaux de rhubarbe rôtie, et surtout avec le jus de cuisson de la rhubarbe pour finir.

Pour 4 personnes | **Préparation** 20 min | **Cuisson** 15 à 20 min | **Repos** 4 heures (ou la veille)

CRUMBLE TATIN, NOIX DE PÉCAN, CRÈME CRUE — & FÈVE TONKA

Je n'ai aucun problème pour manger des pommes, du moment qu'elles sont cuisinées comme ça. La pomme crue, c'est d'un ennui, alors que la pomme au caramel…

Pour les pommes

4 à 5 pommes pour la cuisine
60 g de cassonade, ou de sucre de canne non raffiné
80 g de beurre demi-sel, ou salé
½ fève tonka
Une lichette de cognac ou de calvados,
comme dirait ma grand-mère, ça ne fera de mal à personne

Pour le crumble

40 g de noix de pécan concassées
2 à 3 cuillères à soupe de flocons d'avoine, pour la texture
70 g de farine
30 g de poudre d'amandes
40 g de beurre pommade à température ambiante
parfois un peu plus

Pour servir

De la crème crue de qualité, ou de la crème fraîche
De la fève tonka à râper à la dernière minute

VARIANTES — Remplacez les noix de pécan par des noisettes, des amandes, des noix. Pour les fruits, mélangez pommes et de poires. Pour une décadence extrême, ajoutez quelques carrés de chocolat dans les fruits avant d'enfourner.

Les pommes Tatin — Dans une grande poêle, faites chauffer le sucre et le beurre à feu moyen avec 2 cuillères à soupe d'eau. Pendant ce temps, pelez les pommes, enlevez le cœur et coupez-les en morceaux de taille moyenne. Faites-les revenir dans le caramel au beurre pendant 10 minutes à feu assez vif, puis 5 à 10 minutes à feu doux, en ajoutant à un moment la fameuse lichette de cognac ou de calvados et en remuant de temps en temps jusqu'à ce qu'elles soient caramélisées et un peu confites. À la toute fin, râpez la ½ fève tonka hors du feu et répartissez-les au fond d'un plat allant au four.

Le crumble — Préchauffez le four à 200 °C (th. 6-7). Dans un petit saladier, mélangez les ingrédients du crumble en ajoutant du beurre pommade si le mélange paraît un peu sec, ce qui peut arriver avec certains flocons d'avoine. Volontairement, je ne mets pas de sucre, car les pommes en dessous sont déjà bien sucrées. Répartissez le crumble sur les pommes sans le tasser et enfournez d'abord pour 15 minutes en couvrant le plat avec une feuille d'aluminium *(extra-tatinisation des pommes)*, puis prolongez la cuisson sans la feuille d'aluminium pendant à nouveau 15 minutes, ou jusqu'à atteindre la coloration que vous désirez.

Laissez refroidir le crumble pendant 5 à 10 minutes à température ambiante pour que les saveurs soient optimales. Servez de belles cuillères de crumble avec de la crème crue et de la fève tonka râpée dessus à la fin.

FOLIE — Avant de râper la fève tonka, vous pouvez flamber les pommes avec le cognac ou le calvados. Je ne prends aucune responsabilité ! :)

Pour 4 personnes | **Préparation** 20 à 30 min | **Cuisson** 25 à 30 min | **Total** 1 heure maximum

TIRAMISU AUX ZESTES D'ORANGES COMME UN PIM'S®...

Encore un tiramisu vous me direz. Oui, mais la recette vient d'une petite trattoria à Milan, il est vraiment exceptionnellement crémeux et fondant. Pour moi, l'orange apporte un petit twist très original, très frais, on reconnaîtrait presque le goût d'un Pim's® et donc d'un *« tira-pimsu »*.

Ingrédients

500 g de mascarpone

4 œufs bien frais

Les zestes d'1 orange non traitée

130 à 150 g de sucre — *je vous entends d'ici : « On je vais en mettre moins », tssss, faites-moi confiance !*

2 à 3 boîtes de biscuits cuillères *(idéalement des Savoiardi®)*, selon leur taille et selon la taille du moule, on va faire deux étages, donc il en faut quand même un bon nombre

Du cacao amer de qualité, pour saupoudrer avant de servir

3 cafés longs corsés, *pas de la flotte ! (pas de café filtre, ou alors corsez-le en café !)*

1 goutte d'amande amère *(littéralement une goutte) — c'est facultatif mais faites-moi confiance !*

VARIANTES —— Si l'association de l'orange ne vous branche que moyennement, il suffit de ne pas la mettre. Gardez les proportions de la recette pour tout le reste.

Préparation — Pour l'appareil au mascarpone, dans un saladier, mélangez les jaunes d'œufs avec le mascarpone et le sucre, et le zeste de l'orange râpé finement (à la microplane par exemple), jusqu'à obtenir un mélange homogène *(je vous raconte pas l'odeur grâce à l'orange !)*. À l'aide d'un fouet électrique *(ou à la main si vous voulez vous la raconter un peu, moi j'ai choisi mon combat)*, battez les œufs en neige bien ferme, puis incorporez-les délicatement au mélange mascarpone jusqu'à ce que ce soit bien lisse.

Montage — Dans un récipient creux assez large, mélangez le café tiède ou froid avec la goutte d'amande amère, trempez assez vite les biscuits, dans un sens puis dans l'autre, puis déposez-les côte à côte au fond du plat choisi pour le tiramisu.

Ajoutez la moitié de l'appareil au mascarpone, lissez à la spatule pour bien recouvrir la base — n'oubliez pas d'aller jusque dans les coins *(si vous avez un moule rond, vous m'aurez compris quand même !)*. Réalisez une nouvelle couche avec des biscuits imbibés au café, versez le reste du mascarpone et lissez bien. À ce stade de la recette, laissez reposer au frais jusqu'au moment de la dégustation. La couche de cacao en poudre se fera au dernier moment, sinon il va s'humidifier et ne pas être présentable.

Montage — Au moment de servir et à l'aide d'une passoire fine ou d'une boule à thé, saupoudrez toute la surface du tiramisu avec le cacao amer en poudre. Si vous voulez, ajoutez un peu de zestes d'orange !

Les restes de tiramisu — *peu probable cela dit !* — se conserveront maximum 2 jours au frais en raison des œufs crus dans la recette.

Pour 6 à 8 personnes | **Préparation** 20 min | **Repos** 8 heures (idéal à faire la veille) | **Total** 20 min

TARTE RUSTIQUE AUX POMMES, NOISETTES, SÉSAME & CARAMEL AU MISO —

Pour la pâte
160 g de farine classique
15 g de sucre
70 g d'eau très froide
115 g de beurre salé froid

Pour le caramel au miso
30 g de miso
120 g de sucre
50 ml d'eau
150 ml de crème liquide
1 pincée de fleur de sel

Pour finir la tarte
3 pommes
100 g de noisettes en poudre
1 jaune d'œuf
1 poignée de noisettes grillées
Un peu de sésame noir ou blond

La pâte, *préparable à l'avance* — Dans la cuve d'un Robot-Coupe®, versez la farine et le sucre et appuyez sur la touche *pulse* 2 à 3 fois pour bien mélanger. Ajoutez le beurre bien froid et appuyez 10 fois brièvement sur *pulse*. Ajoutez l'eau et renouvelez les 10 *pulse*. À ce stade, la pâte est grossière et sableuse, débarrassez tout au centre d'un torchon propre et serrez le torchon pour former un disque de pâte. Filmez-le et réservez-le au frais.

Le caramel, *préparable aussi à l'avance* — Dans une grande poêle, faites fondre l'eau et le sucre à feu assez vif jusqu'à obtenir une belle coloration. Ajoutez la crème chaude *(c'est important)* petit à petit dans le caramel en remuant avec un fouet. *Attention, le mélange va faire de grosses bulles, allez-y progressivement pour ne pas vous brûler.* Quand toute la crème est incorporée, remuez 3 minutes à feu moyen, jusqu'à ce qu'il n'y ait plus de bulles. Hors du feu, ajoutez le miso et la fleur de sel et transférez le caramel dans un récipient résistant à la chaleur. Ne lavez pas la poêle du caramel si vous faites les pommes dans la foulée.

Les pommes — Pelez-les, coupez-les en quatre, enlevez la partie dure de chaque pomme, puis recoupez les en tranches d'épaisseur moyenne. Dans la poêle qui a servi à réaliser le caramel, faites-les revenir avec la moitié du caramel, pendant 10 minutes. Réservez.

Préchauffez le four à 190 °C (th. 6-7). Étalez la pâte sur un plan de travail légèrement fariné, elle doit être étalée assez large pour contenir ensuite toutes les pommes au centre, sachant que vous allez rabattre les bords par-dessus. Déplacez-la sur une plaque de four recouverte de papier cuisson. Étalez une couche de poudre de noisettes au centre, puis les pommes par-dessus, sans les ranger sinon la tarte ne serait pas « rustique », rabattez les bords pour emprisonner les pommes. Badigeonnez les bords avec le jaune d'œuf et parsemez la pâte avec des noisettes concassées et des graines de sésame. Enfournez pour 20 minutes, puis 5 minutes en bas du four pour être sûr que la tarte soit bien cuite en dessous. Laissez refroidir un peu sur une grille, puis, avant la dégustation, ajoutez un peu de caramel en plus.

Servez avec de la glace vanille ou de la crème fraîche. Je l'aime bien nature, pour bien sentir la saveur du miso dans le caramel.

Pour 6 personnes | **Préparation** 35 à 45 min | **Cuisson** 25 min | **Total** 1 heure 30 min maximum

LE — GOÛTER, C'EST SACRÉ...

Maintenant que je suis maman, j'ai redécouvert ce plaisir du goûter, à manger, mais aussi à préparer.

Le week-end, c'est cuisiner ensemble, et apprendre à patienter en sentant les bonnes odeurs qui sortent du four.

Bonus : toutes ces recettes font de supers cadeaux gourmands à offrir autour de vous !

— BISCOTTIS EXTRACHOCOLATÉS, AUX AMANDES, AUX NOISETTES ET À LA FLEUR DE SEL FUMÉE

Faciles à faire, parfaitement croquants, fondants et surtout addictifs grâce au combo fleur de sel et chocolat. La bonne idée à offrir, ou pas...

Pour les biscottis

1 œuf
40 g d'amandes effilées
40 g de noisettes
1 cuillère à café d'extrait de vanille
140 g de farine classique
100 g de sucre
25 g de cacao en poudre de qualité
1 cuillère à soupe de café moulu de qualité
½ cuillère à café de levure chimique
½ cuillère à café de bicarbonate
45 g de beurre pommade, à température ambiante
½ cuillère à café de sel
Un peu de cassonade pour la cuisson

VARIANTES — On peut varier les fruits secs et utiliser des pistaches, des noix, des amandes. Ce sera délicieux.

Pour le glaçage

1 tablette de chocolat noir (par exemple, Nestlé® Dessert)
De la fleur de sel, classique ou fumée (c'est fou !)

Préparation — Préchauffez le four à 175 °C (th. 6-7). Dans un bol, tamisez la farine avec le cacao, le café, le bicarbonate, la levure et le sel. Dans le bol du robot, fouettez le beurre et le sucre jusqu'à ce que le mélange blanchisse un peu. Ajoutez l'œuf et l'extrait de vanille et quand le mélange est homogène, ajoutez au fur et à mesure le contenu du bol avec la farine, le cacao, etc. Ajoutez les amandes effilées et les noisettes entières en dernier, et mélangez juste ce qu'il faut pour les incorporer.

Sur le plan de travail, finissez de pétrir la pâte et formez 2 boudins assez larges (8 à 10 cm) et d'une longueur d'environ 12 cm. Déposez-les sur une plaque allant au four, aplatissez-les légèrement et saupoudrez-les de cassonade avant d'enfourner pour 30 minutes. Sortez la plaque du four, laissez refroidir 30 minutes. *On peut choisir de couper le four, ou pas...* Quand c'est un peu refroidi, coupez délicatement les biscottis, puis étalez-les côte à côte sur la même plaque. Je vous conseille de procéder précautionneusement car plus ils sont chauds, plus ils sont fragiles. Normalement, tout devrait tenir sur la même plaque, sinon procédez en 2 fois. Enfournez à nouveau pour 10 minutes, retournez les biscottis et faites cuire 5 minutes supplémentaires. Sortez du four et laissez les biscuits refroidir complètement avant de procéder à l'étape du glaçage.

Glaçage — Au bain-marie, faites fondre le chocolat noir et trempez les biscottis dans le chocolat fondu. Remettez-les sur la même feuille de papier cuisson *(économies !)* et ajoutez un petit peu de fleur de sel classique ou fumée *(dingue !)* sur chaque biscotti avant que le chocolat ne durcisse. Laissez prendre le chocolat et dégustez vos biscottis soit à l'italienne, en les trempant dans un verre de *Vin Santo*, soit en l'accompagnant d'une boisson chaude ou de lait froid.

NOTE — Pour qu'ils se conservent au mieux et qu'ils restent croquants, stockez-les dans un récipient hermétique et à l'abri du soleil.

Pour 10 à 15 biscottis | **Préparation** 15 min | **Cuisson** 45 min | **Total** 1 heure environ

Évidemment, « moitié rhum, moitié lait » c'est une blague, mais le bon goût de rhum, c'est quand même sa signature. Breton de naissance, il a peaufiné sa recette depuis que l'on s'est rencontré (7 ans !)... On en a mangé des crêpes... On peut réduire ou même enlever le rhum, mais chez nous, Alix, 3 ans, ne se plaint pas de ce petit goût, elle reconnaît l'odeur direct ! :)

LES CRÊPES DE MON MEC MOITIÉ RHUM, MOITIÉ LAIT...

Pour 20 à 30 crêpes
Il est recommandé de préparer la pâte la veille, mais ce n'est pas obligatoire

6 œufs bio

2 cuillères à soupe d'extrait de vanille maison

500 g de farine classique

150 g de sucre blanc

1 l de lait entier

50 ml de rhum brun *(ou un peu de fleur d'oranger, ou les 2)*

1 cuillère à soupe de sel fin (oui, oui)

Du beurre pour la cuisson

BON À SAVOIR —— On peut facilement diviser cette recette par deux, pour une fournée de crêpes plus rapide le dimanche matin par exemple. *Mais qui dirait non à des crêpes en plus ?*

Pour la pâte — Dans un grand saladier, mélangez la farine, le sucre et le sel et faites un puits au milieu. Cassez les œufs dedans et mélangez doucement avec un fouet, puis ajoutez le rhum et la vanille. Versez la moitié du lait petit à petit en remuant avec le fouet jusqu'à obtenir une pâte lisse mais épaisse. Fouettez bien pour casser le plus de grumeaux possible, ajoutez le reste du lait, et une fois la pâte lisse, réfrigérez jusqu'à utilisation, idéalement la veille. On peut bien sûr l'utiliser tout de suite, mais l'étape de repos permet d'avoir une texture optimale et un goût prononcé à la cuisson.

Pour les crêpes — Dans une large poêle généreusement beurrée, et sur feu moyen *(c'est important !)*, versez une petite louche de pâte en remuant la poêle pour couvrir la surface entière. Lorsque les bords commencent à dorer, retournez délicatement la crêpe et terminez la cuisson de l'autre côté en fonction du degré de coloration désiré.

Débarrassez les crêpes cuites sur une assiette et sous un torchon propre. L'humidité/la chaleur résiduelle va garder les crêpes bien souples et moelleuses. Répétez le processus en beurrant bien entre chaque crêpe, jusqu'à avoir utilisé toute la pâte. Servez avec vos garnitures favorites. Chez nous, caramel au beurre salé maison, confitures et beurre-sucre bien sûr !

Préparation 15 min | **Repos** 6 à 12 heures *(optionnel)* | **Cuisson** 2 à 3 min/crêpe | **Total** 60 min *(avec 2 poêles!)*

COOKIES À LA PÂTE DE SÉSAME NOIR & CHOCOLAT — NOS PRÉFÉRÉS AVEC SARAH !

Nos cookies préférés avec mon amie Sarah, styliste culinaire et QUEEN ABSOLUE du sucré. Ceux-là sont carrément sexy et leur petit goût de sésame est parfait avec le chocolat !

Pour la pâte

280 g de chocolat
(140 g de lait et 140 g de noir, en pépites ou concassé)

130 g de pâte de sésame noir*

1 œuf + 1 jaune d'œuf

2 cuillères à café d'extrait de vanille maison
(ou un sachet de sucre vanillé et moins de sucre blanc)

160 g de farine classique

100 g de sucre blanc

55 g de sucre roux (cassonade)

55 g de sucre de canne non raffiné, *« muscovado »*

1 cuillère à café de levure chimique

1 cuillère à café de bicarbonate

115 g de beurre salé, à température ambiante

** Je l'achète dans des épiceries spécialisées dans le quartier de belleville, mais elle se trouve aussi facilement sur internet*

Pour les toppings avant cuisson

Un mélange de graines de sésame blond et de sésame noir

Un peu de fleur de sel

Pour la pâte, *idéalement à préparer la veille* — Dans un bol, mélangez la farine, la levure et le bicarbonate, réservez. Dans la cuve d'un robot, battez le beurre à température ambiante avec la pâte de sésame noir et les sucres jusqu'à obtenir un mélange fouetté et lisse.

Ajoutez l'œuf, le jaune et la vanille, mélangez à nouveau. Petit à petit et doucement, pour éviter de repeindre la cuisine, ajoutez le mélange avec la farine jusqu'à ce qu'elle soit incorporée, puis le chocolat. Laissez reposer la pâte au frais pendant au moins 30 minutes pour qu'elle se resolidifie un peu. À l'aide d'une cuillère à glace *(de taille moyenne)*, prélevez de la pâte et formez des petites boules. Déposez-les dans un plat avec un peu de papier cuisson au fond, et stockez-les soit 1 heure au congélateur, soit 1 nuit au frais. Cette étape permet vraiment de jouer sur l'aspect final du cookie.

La cuisson — Préchauffez le four à 160 °C (th. 5-6) et préparez 2 plaques de four recouvertes de papier cuisson et dans une petite assiette, versez un peu de sésame noir et de sésame blond. Sortez les petites boules du frais et passez-en certaines dans le sésame en appuyant bien pour les « paner », mais pas forcément entièrement. J'ai choisi de ne pas enrober certains cookies pour varier la présentation. Déposez-les sur le papier cuisson en les espaçant correctement et déposez un peu de fleur de sel sur chaque boule.

Enfournez pour une quinzaine de minutes, puis laissez refroidir 2 minutes avant de transférer sur une grille. Il faut parfois ajuster le temps de cuisson en fonction du four utilisé.

NOTE ZÉRO GÂCHIS — S'il reste des cookies mais qu'ils ont un peu ramolli, émiettez-les sur un yaourt, avec des fruits frais, ou sur un fond de compote. *Zéro gâchis, on a dit !*

Pour 20 cookies | **Préparation** 15 min | **Repos** 1 heure à 1 nuit | **Cuisson** 15 min | **Total** 60 min

CHAUSSONS POIRE & CARDAMOME, CARAMEL AUX ÉPICES — AVEC ALIX

Un twist original sur les chaussons aux pommes. La poire se marie parfaitement avec les épices. Alix adore faire cette recette avec moi, le plus dur étant d'attendre qu'ils refroidissent...

Pour les chaussons

2 pâtes feuilletées du commerce
4 poires, lavées
1 jaune d'œuf battu
2 cm de gingembre frais, pelé mais non coupé
2 cuillères à café d'extrait de vanille
1 cuillère à café de cardamome moulue
35 g de sucre de canne non raffiné
Un peu de cassonade pour saupoudrer avant la cuisson
Quelques cuillères à soupe de jus d'orange ou de citron
1 noix de beurre *(quantité libre)*
1 pincée de fleur de sel

Pour un GROS pot de caramel *(voir note)*

Du mélange Chaï Masala de chez Nomie, ou du thé chaï (en poudre de préférence)
200 g de sucre blanc
3 cuillères à soupe d'eau
200 g de crème liquide
20 g de beurre (doux ou salé)
De la fleur de sel *(à ajuster en fonction du type de beurre)*

NOTE — Ces quantités donnent un assez gros pot de caramel par rapport à la recette, mais qui peut dire non à un reste de caramel ? Surtout celui-là, addictif au possible.

Il se marie follement bien avec du chèvre frais sur une tartine *(trust me !)* et aussi dans un yaourt avec des fruits, dans un porridge au petit déjeuner, en base de tarte aux pommes, et même avec des pancakes... *Bref, l'essayer, c'est l'adopter.*

Le caramel, *préparable à l'avance* — Dans une casserole, faites fondre à feu moyen le sucre et l'eau, jusqu'à ce qu'un caramel se forme. Quand il est bien ambré, retirez la casserole du feu et ajoutez la crème bien chaude au fur et à mesure. Continuez de remuer au fouet, attention, le mélange peut faire des bulles brûlantes. Ajoutez petit à petit le beurre en petits morceaux, ainsi qu'1 cuillère à café généreuse *(ou plus)* du mélange d'épices Chaï ou de thé chaï. Mélangez pour obtenir un caramel bien lisse. Laissez frémir le caramel sur feu moyen encore 3 à 5 minutes en remuant. Ajoutez un peu de fleur de sel et débarrassez dans un pot résistant à la chaleur.

La compote, *préparable à l'avance* — Détaillez-les poires en petits morceaux, en gardant la peau, qui passe inaperçue après cuisson. On ne rechigne pas à une étape en moins. Dans une poêle, faites fondre une noix de beurre à feu moyen, puis faites revenir un peu les poires et ajoutez le reste des ingrédients. Remuez souvent et ajustez la quantité de liquide avec un peu de jus d'orange, citron ou eau pour que le mélange compote doucement sans attacher. Cette étape prend une vingtaine de minutes, le temps de faire autre chose à côté. Quand c'est compoté, enlevez le gingembre.

Façonnage & cuisson — Coupez les pâtes feuilletées de façon à obtenir 8 carrés de pâte. Déposez 1 cuillère à soupe de compote sur chaque carré et pour une option encore plus gourmande, ajoutez un peu de caramel en plus. Passez un peu d'eau au pinceau sur les bords de la pâte et sceller le chausson avec les dents d'une fourchette. Mettez-les au frais pendant 30 minutes.

Préchauffez le four à 190 °C (th. 6-7) à chaleur tournante classique. Sortez les chaussons et disposez-les sur une plaque allant au four recouverte d'une feuille de papier cuisson. Badigeonnez-les avec du jaune d'œuf battu et saupoudrez de cassonade. Avec un couteau bien aiguisé, faites 2 fentes dans chaque chausson (pour permettre à la vapeur de s'échapper à la cuisson et qu'ils ne gonflent pas dans tous les sens). Enfournez pour 20 minutes, surveillez la coloration, puis ajoutez 5 minutes de cuisson à chaque fois jusqu'à atteindre la coloration désirée. Laissez refroidir absolument 10 à 15 minutes avant de les manipuler ou de croquer dedans, pour éviter de vous brûler. Une fois refroidis, ajoutez du caramel aux épices directement sur les chaussons sur la plaque du four et dégustez-les tièdes.

Pour 8 chaussons | **Préparation** 45 à 55 min | **Cuisson** 20 à 25 min | **Total** 1 heure 20 maximum

CARROT CAKE À L'ORANGE CONFITE, GRANOLA, GLAÇAGE AU BEURRE NOISETTE

Un basique twisté avec de l'orange confite et surtout du beurre noisette dans le glaçage. Hypermoelleux avec un bon goût d'épices, pour moi la meilleure version du *carrot cake* !

Pour le gâteau

Pour un moule de 25 x 15 environ

450 g de carottes râpées

60 g d'oranges confites + 20 g pour la décoration

2 œufs + 2 jaunes

1 cuillère à café de mélange quatre-épices

1 cuillère à café de cannelle

260 g de farine

250 g de cassonade

30 g de Maïzena®

1 + ½ sachet de levure chimique

1 cuillère à café de bicarbonate (5 g environ)

20 ml de sirop d'érable de qualité

200 ml d'huile neutre (par exemple de pépins de raisin)

20 g de beurre fondu

De la fleur de sel

Pour le granola

Du granola du commerce peut aussi très bien dépanner !

90 g de flocons d'avoine

60 g de noisettes/amandes

50 g de noix de pécan

30 g de pistaches

1 pincée de mélange quatre-épices

20 g de beurre de coco fondu

Pour le glaçage

200 g de fromage frais type Philadelphia®

100 g de beurre noisette environ *(prévoir plus de beurre à faire fondre pour obtenir 100 g de beurre noisette)*

Du sucre glace (quantité à adapter selon les goûts)

Les zestes d'1 petite orange bio

Le beurre noisette — Dans une petite casserole, faites fondre 130 g à 150 g de beurre à feu moyen, en surveillant, pendant une dizaine de minutes. Le beurre va se clarifier, puis mousser un peu. Quand il commence à sentir la noisette, préparez-vous à le retirer du feu et à le passer dans une passoire assez fine pour retenir les solides un peu grillés au fond. Laissez refroidir à température ambiante.

Le granola — Préchauffez le four à 160 °C (th. 5-6). Dans un bol, mélangez les ingrédients et étalez la mixture sur une plaque allant au four. Enfournez pour 20 minutes en remuant de temps en temps et prolongez la cuisson 5 minutes par 5 minutes jusqu'à obtenir la coloration désirée.

Le gâteau — Dans un bol, tamisez la farine avec la Maïzena®, le bicarbonate, la levure et les épices. Préchauffez le four à 165 °C (th. 5-6). Préparez le moule (beurré et tapissé de papier cuisson) et réservez-le. Dans la cuve d'un robot, faites blanchir les œufs et les jaunes avec la cassonade. Ajoutez l'huile en filet jusqu'à ce que le mélange soit homogène. Ajoutez le beurre fondu, le sirop d'érable, lissez, ajoutez progressivement la farine tamisée avec les autres ingrédients. En dernier, ajoutez les carottes et l'orange confite coupée finement et mélangez pour que ce soit homogène. Ajoutez 1 belle pincée de fleur de sel dans la pâte.

Versez la pâte dans le moule préparé et enfournez pour minimum 30 à 35 minutes, en surveillant la cuisson au centre avec la pointe d'un couteau qui doit ressortir sèche. En fonction de votre four, poursuivez la cuisson 10 minutes, puis 5 minutes à chaque fois jusqu'à ce que ce soit cuit. Laissez refroidir complètement le gâteau avant le glaçage.

Le glaçage — Dans un bol, fouettez le fromage frais avec le beurre noisette à température ambiante, ajoutez du sucre glace en goûtant jusqu'à obtenir le bon dosage *(c'est personnel !)*. Ajoutez un peu de zeste d'orange *(là aussi, la quantité est subjective)*. Quand le gâteau est refroidi, étalez le glaçage et ajoutez un peu de granola, ainsi que quelques morceaux d'orange confite pour décorer !

VARIANTES — Pour une version plus texturée, ajoutez des noix, des noisettes et même des raisins secs dans le gâteau. Le glaçage peut être simplifié sans beurre noisette, pour une recette plus classique et plus rapide. Je ne mettrais pas de beurre classique dans le glaçage dans ce cas.

Pour 1 gâteau | **Préparation** 45 min | **Cuisson** 30 min (granola), 40 min (gâteau) | **Total** 1 heure 40 environ

J'ai une vraie passion pour le thé Earl Grey et le *british tea-time*, j'adorerais vivre dans Downton Abbey *(mais en 2022 quand même)*. On a tous besoin d'une bonne recette de cake au citron et celle-ci est adaptée de celle de Broken Biscuits, pâtisserie et coffee shop que l'on ne présente plus dans le 11e arrondissement. Elle contient presque 3 citrons entiers !

CAKE AU CITRON & EARL GREY

Pour la pâte

Moule de 25 x 10

1 citron bio

3 œufs

1 gousse de vanille (ou 1 sachet de sucre vanillé de qualité)

160 g de farine classique

120 g de sucre blanc

1 sachet de levure chimique

100 ml de crème fleurette liquide

65 g de beurre fondu (ou d'huile neutre)

Pour le sirop

1 citron bio

70 g de sucre blanc

70 g d'eau

2 cuillères à soupe de thé Earl Grey

Pour le glaçage,
quantités à ajuster personnellement, voir le déroulé de la recette

Du sucre glace

Du jus de citron

Un peu de thé Earl Grey

NOTE ZÉRO GÂCHIS — Faites votre propre extrait de vanille ! Il suffit d'un bocal en verre et d'une bouteille de vodka. Mettez toutes les gousses de vanille grattées dans la vodka, dans le bocal et gardez-le à l'abri de la lumière. Ajoutez les nouvelles gousses vides au fur et à mesure et secouez le bocal à chaque fois que vous l'utiliserez, dans des recettes de pâtisseries, mais aussi dans des cocktails ou des limonades. C'est une bonne idée de cadeau fait-maison.

NOTE — Il reste du sirop ? Utilisez-le pour sucrer un yaourt ou une salade de fruits. Il est aussi délicieux à marier avec un gin tonic par exemple, ou dans une citronnade maison.

Pour le cake — Préchauffez le four à 165 °C (th. 5-6) et préparez le moule (beurré et tapissé de papier cuisson). Râpez le zeste du citron directement dans le sucre blanc permet de libérer directement les huiles essentielles dans le sucre pour optimiser l'arôme. Pressez le citron et réservez le jus, fendez la gousse de vanille et réservez les grains grattés *(la gousse, elle, peut aller directement dans le bocal d'extrait de vanille maison, voir note)*.

Dans le bol du robot, blanchissez le sucre zesté avec les œufs puis ajoutez le beurre fondu (ou l'huile neutre). Tamisez la farine et la levure directement au-dessus du mélange et remuez jusqu'à obtenir une pâte lisse. Ajoutez la crème, le jus de citron et la vanille. Versez le mélange dans le moule préparé et enfournez d'abord pour 30 minutes. Vérifiez la cuisson avec la pointe d'un couteau, qui doit ressortir propre. Laissez refroidir le cake dans le moule sur une grille de refroidissement.

Pour le sirop et le glaçage — Pendant la cuisson, faites le sirop, portez à ébullition le sucre et l'eau avec le citron coupé en tranches, laissez cuire 5 minutes, réservez. Ajoutez le thé et laissez infuser en fonction de l'intensité désirée. Puis, filtrez-le et imbibez le cake directement dans le moule, encore tiède, avec un pinceau. Vous n'êtes pas obligés d'utiliser TOUT le sirop...

Pour le glaçage, c'est très personnel. Mélangez quelques cuillères à soupe de sucre glace avec 1 cuillère à café de jus de citron au fur et à mesure jusqu'à obtenir la consistance désirée. Personnellement, je ne suis pas une grande fan de glaçage, entre le cake et le sirop, c'est déjà bien sucré, je vous conseille de ne pas en faire une trop grosse quantité. Ajoutez un peu de thé dans le glaçage pour lui donner une jolie texture et ne glacez le cake que lorsqu'il est refroidi et démoulé sinon le glaçage aura du mal à prendre.

Pour 1 cake | **Préparation** 25 min | **Cuisson** 30 à 35 min | **Total** 60 min maximum

BROWNIE EXTRACHOCO — & CARAMEL MAISON AU BEURRE DE CACAHUÈTES

Pour le caramel

Réalisable à l'avance, voire la veille

85-90 g de beurre de cacahuètes
100 g de sucre
2 cuillères à soupe d'eau
200 g de crème liquide
De la fleur de sel

Pour le brownie

Moule de 20 x 30 environ

350 g de chocolat (idéalement 70 %)
115 g (environ) de caramel maison au beurre de cacahuètes
5 œufs
150 g de sucre blanc
140 g de farine
100 g de sucre de canne non raffiné, *« muscovado »*
15 g de cacao en poudre de qualité
1 cuillère à café de café moulu de qualité
1 cuillère à soupe d'extrait de vanille
200 g de beurre salé
De la fleur de sel, classique ou fumée

Le caramel — Dans une casserole, faites fondre à feu moyen le sucre et l'eau, jusqu'à ce qu'un caramel se forme. Ne mélangez pas avec une cuillère, mais remuez la casserole pour que le caramel colore de façon homogène.

Quand il est bien ambré, retirez la casserole du feu et ajoutez la crème bien chaude au fur et à mesure. Continuez de remuer avec un fouet pour que la crème s'incorpore bien. Attention, le mélange peut faire des bulles, remuez bien pour dompter tout ça en faisant attention à ne pas vous brûler.

Une fois la crème bien incorporée, remettez le caramel sur feu moyen et ajoutez le beurre de cacahuètes. Laissez frémir (petites bulles) pendant encore 3 à 5 minutes pour que le mélange se concentre et épaississe un petit peu. Laissez refroidir, puis versez dans un récipient résistant à la chaleur et réservez jusqu'à utilisation.

L'insolence absolue de cette recette. Ce caramel maison au beurre de cacahuètes, c'est le petit goût de cacahuètes qui fait penser aux Snickers® de mon enfance, c'est une tuerie !

Le brownie — Préchauffez le four à 175 °C (th. 6-7). Préparez le moule en le beurrant un peu et en mettant une feuille de papier cuisson pour faciliter un éventuel démoulage.

Dans un bol, tamisez délicatement la farine et le cacao en poudre. Dans un autre bol, faites fondre, au micro-ondes ou au bain-marie, le chocolat et le beurre ensemble, lissez, ajoutez le café en poudre, l'extrait de vanille et les 2 sortes de sucres, puis réservez. Ajoutez-y les œufs un par un, en lissant la pâte entre chaque œuf. Incorporez la farine en plusieurs fois jusqu'à obtenir une pâte homogène sans trace de farine.

Versez la pâte dans le moule préparé et avec une spatule, étalez-la pour que tout soit bien à plat dans le moule. Puis, avec une cuillère, déposez du caramel sur la pâte à plusieurs endroits et avec un cure-dent, faites des marbrures. Parsemez le brownie d'un peu de fleur de sel.

Cuisson & dégustation — Enfournez d'abord 20 minutes. C'est cuit lorsqu'un cure-dent ressort presque propre, avec seulement quelques miettes. En fonction des fours mais aussi de la taille du moule, cela peut prendre entre 20 et 25 minutes. Laissez refroidir une dizaine de minutes avant de tenter un démoulage. Découpez en petits morceaux pour servir. *Attention, encore tiède, c'est addictif.*

NOTE —— Si vous le préférez avec un cœur presque coulant, jaugez vous-même la cuisson et ne vous fiez pas au test du cure-dent. N'oubliez pas que le brownie a tendance à durcir en refroidissant, donc prenez bien ce paramètre en compte lors de la cuisson.

Pour 1 gâteau | **Préparation** 45 min | **Cuisson** 30 min (granola), 40 min (gâteau) | **Total** 1 heure 40 environ

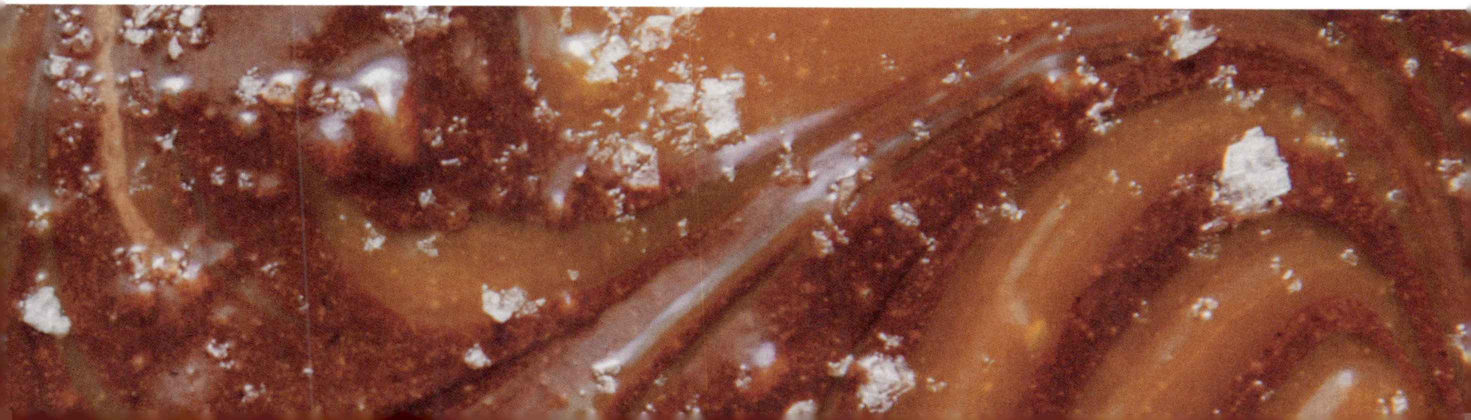

— LE DIMANCHE

Prendre son temps le dimanche, c'est sacré. Laisser gonfler une pâte à brioche pour le goûter, préparer du pain perdu, ou un granola… L'odeur du café en prime !

PUDDING DE CHIA — AU LAIT DE COCO, FRAISES RÔTIES & CITRON VERT

Facile à préparer à l'avance, c'est une recette qui plaît aux adultes mais aussi très souvent aux enfants. Ça gonfle pendant la nuit et il suffit d'ajouter les toppings le lendemain. On peut varier les goûts et les saveurs en fonction des saisons !

Pour les graines de chia

60 g de graines de chia

1 petite gousse de vanille grattée, ou de l'extrait de vanille

400 ml de lait de coco

100 ml de lait *(végétal ou animal)*, voire plus pour ajuster la texture ensuite

80 g de yaourt à la grecque, ou d'un quelconque yaourt nature *(mais le yaourt à la grecque est très crémeux)*

30 ml de sirop d'érable ou miel

Pour les fraises

1 belle barquette de fraises (environ 500 g)

2 à 3 cuillères à soupe de miel

Le jus d'½ citron vert ou jaune

2 à 3 cuillères à soupe d'huile d'olive

Quelques tours de moulin à poivre

Pour finir

1 citron vert

Quelques copeaux de noix de coco grillés

Le pudding de chia, *idéalement la veille* — Dans un récipient avec un couvercle, mélangez tous les ingrédients du pudding de chia et réfrigérez en remuant de temps en temps pour éviter que les graines de chia ne s'amalgament trop. Gardez le pudding dans ce récipient au fur et à mesure que vous vous en servirez, grâce au couvercle, il ne séchera pas et gardera son moelleux. Ajustez la quantité de lait une fois que les graines ont gonflé, pour atteindre la texture désirée. Certains l'aiment épais, d'autres plus liquide.

Les fraises rôties — Préchauffez le four à 190 °C (th. 6-7). Dans un plat allant au four, répartissez les fraises coupées, ajoutez un filet d'huile d'olive, du miel, quelques tours de moulin à poivre *(faites-moi confiance !)* et un peu de jus de citron vert ou jaune.

Enfournez pour 10 minutes et si vous les voulez plus rôties et plus confites, prolongez la cuisson 5 minutes par 5 minutes. *Attention :* plus les fraises vont rôtir longtemps, plus elles auront une texture compotée. J'aime bien les faire rôtir seulement quelques minutes pour qu'elles fassent de jus mais qu'elles gardent un peu de texture.

Service ! — Servez quelques cuillères de pudding dans un bol, et ajoutez les fraises, avec un peu de leur jus de cuisson *(un délice)*. Zestez un peu de citron vert par-dessus et parsemez de quelques copeaux de noix de coco grillés et dégustez ! J'aime bien le contraste du pudding frais avec les fraises encore tièdes !

NOTE — Cette recette se garde facilement 2 à 3 jours au frais, donc on peut garder les mêmes proportions pour 2 personnes et avoir un petit déjeuner ou une collation toute prête pour plusieurs jours !

VARIANTES DE SAISONS — Inexorablement, les garnitures de cette recette vont varier au gré des saisons. On peut ajouter de la compote de rhubarbe et de fraises, de la compote de pommes et de poires aux épices, mais aussi des agrumes de saison, coupés en segments juteux et marinés avec un peu d'extrait de vanille. On peut aussi tout simplement ajouter des fruits frais de n'importe quelle saison, sans avoir à les faire cuire au préalable ou à les transformer de quelque façon que ce soit.

Avec des fruits frais, je recommande d'ajouter 1 cuillère à café de beurre d'amande, de noisette ou de cacahuète pour accentuer le côté gourmand. Avec des bananes, on peut ajouter des copeaux de chocolat noir..., etc. !

Pour 4 à 5 personnes | **Préparation** 5 min *(chia)*, 10 min *(cuisson des fraises)* | **Repos** 1 nuit | **Total** 15 minutes

GRANOLA ADDICTIF AU THÉ CHAÏ

La présence du thé chaï dans cette recette donne une petite touche originale et vraiment délicieuse.

Qu'il soit fait avec les épices Chaï de Nomie ou du thé chaï, il sera délicieux de toute façon !

Pour le granola

200 g de flocons d'avoine
3 sachets de thé chaï
ou 1 cuillère à café (voire plus) du mélange Chaï de Nomie
70 g de graines de tournesol, décortiquées
60 g de noix de pécan
60 g de graines de courge
40 g de noisettes
60 g de compote de pommes
2 cuillères à soupe de noix de coco râpée
4 cuillères à soupe de miel
30 g de beurre de coco
20 ml d'huile neutre
½ cuillère à café de sel

HABILE ! — C'est une bonne recette que vous pouvez mettre dans de jolis bocaux à offrir. Rapide à faire, vous en gardez un peu et c'est la petite attention du cadeau fait maison qui fait toujours plaisir.

VARIANTES — Pour changer des épices chaï, on peut ajouter de la banane écrasée dans le mélange liquide, et ajouter ensuite de gros copeaux de noix de coco séchée, des raisins secs, mais aussi de grosses pépites de chocolat, des éclats de caramel…

On peut aussi se faire plaisir avec une variante très chocolatée, en ajoutant de la poudre de cacao de qualité ET des pépites de chocolat. Attention, il faut toujours ajouter ces pépites quand le granola est complètement refroidi !

Préparation — Dans un saladier, mélangez tous les ingrédients secs ensemble, y compris les 3 sachets de thé chaï, ouverts et vidés. Dans une casserole, faites fondre le beurre de coco. Quand il est fondu, ajoutez le miel, la compote de pommes et l'huile neutre ainsi que le sel. Versez sur les ingrédients secs et mélangez jusqu'à ce que tout soit bien enrobé.

Cuisson — Préchauffez le four à 150 °C (th. 5). Étalez le granola sur une plaque allant au four, avec ou sans feuille de papier cuisson, c'est au choix. Enfournez pour 15 minutes, puis remuez toutes les 5 minutes, jusqu'à atteindre 30 minutes de cuisson en tout. Adaptez ce temps en fonction de la coloration souhaitée. Certains aiment le granola bien grillé et d'autres moins.

Une fois qu'il est complètement froid, vous pouvez ajouter quelques pépites de chocolat pour un peu de gourmandise supplémentaire. Stockez-le dans un bocal à l'abri de la lumière et de la chaleur.

Pour 1 gros bocal, ou 2 moyens | **Préparation** 15 min | **Cuisson** 30 min | **Total** 45 minutes

Je trouve toujours les classiques *cinnamon rolls* un peu trop sucrés. Ici, grâce à l'ajout du café dans le glaçage et à une recette de brioche un peu moins sucrée que la moyenne, l'équilibre est très intéressant. La pâte est en plus très agréable à travailler.

ROULÉS BRIOCHÉS À LA CANNELLE ET GLAÇAGE CORSÉ — AU CAFÉ

Pour la brioche

1 œuf + 1 jaune
460 g de farine classique, voire un peu plus
50 g de sucre en poudre
1 sachet de levure boulangère sèche
180 ml de lait entier
60 g de beurre
1 pincée de sel

Pour la garniture

10 g de cannelle moulue
5 g de café moulu de qualité
120 g de sucre de canne complet non raffiné
90 g de beurre à température ambiante

Pour le glaçage

Du café moulu de qualité
Du sucre glace
Un peu d'extrait de vanille
Un peu de lait
Éventuellement un peu de fromage frais type Philadelphia® *(voir l'encadré)*

BON À SAVOIR — Je n'ai pas mis de fromage frais *(cream cheese)* dans ma version sur la photo, car j'ai tenté un glaçage à la poche à douille et le fromage frais aurait été trop épais pour passer dedans. Mais il sera parfait pour un glaçage à l'américaine, appliqué directement avec une spatule sur les roulés. Il suffit d'incorporer 2 à 3 cuillères à soupe de fromage frais dans le glaçage et d'ajuster le reste des ingrédients et de le goûter avant de l'étaler.

La pâte, *à faire idéalement la veille* — Dans une petite casserole, faites chauffer le lait et le beurre jusqu'à ce que le beurre soit fondu et le mélange tiède (vous pouvez tremper votre doigt sans vous brûler). Versez ce mélange dans la cuve d'un robot et ajoutez par-dessus la levure, le sucre, l'œuf et le jaune et mélangez le tout.

Ajoutez la farine et pétrissez avec le crochet pétrin jusqu'à ce que la pâte forme une boule lisse et souple, au moins 8 minutes. Si la pâte colle un peu, ajoutez de la farine, 10 g à la fois, jusqu'à ce que la pâte soit lisse. Transférez la pâte dans un saladier huilé, et couvrez avec un film plastique ou une charlotte en tissu *(celles de la marque Wabi sont supers).* La pâte doit doubler de volume, soit à température ambiante pendant quelques heures. En vous y prenant la veille, il suffit de la mettre au frais, la pâte lèvera à son rythme.

La garniture et le façonnage — Mélangez tous les ingrédients de la garniture intérieure pour former une sorte de pâte qui s'étalera facilement. Réservez à température ambiante. Les étapes étapes du façonnage sont sur la page suivante. Revenez à cette page pour la cuisson. *Pour la photo, j'ai utilisé 2 plats, car j'avais étalé la pâte plus que prévu, donc j'avais plus que 9 roulés.*

La cuisson et le glaçage — Préchauffez le four à 175 °C (th. 6-7), enfournez les roulés pour environ 20 minutes. Je les préfère tout juste dorés et pas trop cuits, pour qu'ils restent extra-mœlleux au centre. Quand ils sont dorés comme vous voulez, laissez-les refroidir sur une grille.

Dans un petit bol, mélangez un peu de sucre glace avec quelques cuillères à café de lait, un peu de café moulu et d'extrait de vanille, jusqu'à obtenir un mélange crémeux. Je ne donne pas de mesures précises, car c'est comme la vinaigrette, chacun fait ce qu'il veut en fonction de ce qu'il aime. Dans une poche (sans douille), versez le glaçage et répartissez-le sur les roulés. *Lisez l'encadré pour un glaçage plus épais, à l'américaine.* Dégustez juuuuste tièdes !

Pour 9 roulés | **Préparation** 20 min | **Repos** 2 heures *(idéal la veille)* + 30 min | **Cuisson** 20 min | **Total** 4 heures

ROLLS — ÉTAPE PAR ÉTAPE

Une fois qu'elle est prête, dégazez-la et déposez-la sur un plan de travail fariné.

Essayez de l'étaler en forme de rectangle, même grossier, d'environ 40 × 25 cm.

Étalez la garniture mais pas jusqu'aux bords. Roulez la pâte sans serrer, en partant du côté long, passez un peu d'eau sur la pâte sans garniture pour sceller le roulé.

Avec du fil dentaire *(la solution idéale !)*, enlevez les entames et visualisez où vous allez couper.

Découpez ensuite vos 9 beaux roulés, puis déposez-les dans un grand plat ou 2 moyens sans les serrer.

Ils vont gonfler pendant la seconde levée. Laissez pousser pendant encore une bonne demi-heure à température ambiante ou dans un endroit tiède/sans courant d'air.

Les roulés juste après la deuxième pousse, tout dodus et prêts à passer au four !

BRIOCHE PERDUE AU LAIT DE COCO, — AGRUMES VANILLÉS

La crème de coco dans cette recette donne un petit goût très original et très gourmand, qui se marie à merveille avec les agrumes.

On se facilite la vie avec une bonne brioche de boulangerie bien sûr, car le petit déjeuner, c'est sacré, on a faim et vite !

Pour la trempette à brioche

1 œuf
1 gousse de vanille, *ou de l'extrait de vanille maison*
½ cuillère à café de cardamome moulue *(facultative)*
125 ml de lait de coco ou de crème de coco
50 ml de lait, *voire plus pour ajuster la texture*
Du beurre pour la cuisson

Pour le service

Quelques agrumes au choix *(voir les variantes de saison)*
Un peu de sucre vanillé
Du yaourt à la grecque nature, ou du yaourt à la noix de coco
Quelques pistaches grillées et concassées

NOTE — Recette très facile à adapter pour 4, 6 ou 8 personnes. La cuisson étant rapide, personne n'attendra longtemps avant de déguster cette bonne brioche perdue.

Les agrumes — Coupez le haut et le bas de chaque agrume, et avec un bon couteau bien aiguisé, taillez la peau tout autour, en enlevant le ziste *(c'est la partie blanche amère)*. Prélevez de beaux segments d'agrumes et déposez-les dans un petit bol, saupoudrez avec du sucre vanillé et remuez délicatement pour ne pas casser les morceaux. Réservez à température ambiante.

La trempette & la cuisson — Dans un plat, mélangez tous les ingrédients de la « trempette à brioche » jusqu'à avoir un mélange lisse et homogène. Faites chauffer dans une poêle une noix de beurre généreuse. Trempez la brioche dans la mixture, des 2 côtés, égouttez un peu le surplus et faites-la dorer dans le beurre chaud. Quand c'est bien doré, retournez-la et prolongez la cuisson de l'autre côté.

Pendant qu'elles dorent, dans un petit bol, sucrez (ou pas) quelques cuillères de yaourt avec une partie du jus des agrumes qui s'est formé au fond du bol.

Dégustation — Quand les tranches de brioches sont bien dorées, mettez-les dans des assiettes de service, déposez quelques agrumes vanillés, un peu de yaourt et un peu de jus du bol des agrumes s'il en reste, ainsi que quelques pistaches grillées et concassées grossièrement. Servez tiède et dégustez immédiatement.

VARIANTES DE SAISON — Pamplemousses, oranges, clémentines, et même citrons verts, mandarines... Bien sûr, les garnitures de cette recette vont varier au gré des saisons. Les agrumes restent mes favoris, mais j'ai déjà testé cette recette avec des fruits rouges et le mariage de saveurs avec le lait de coco était aussi très réussi. Crus ou cuits en compote, des fruits comme les myrtilles, les framboises, les fraises, se prêteront parfaitement au jeu.

ACCOMPAGNEMENT — Sirop d'érable, sucre glace, on sert cette recette avec ce que l'on veut. Une boule de glace et cette recette devient un dessert très intéressant. Je l'aime bien au petit déjeuner, servie avec du yaourt nature, pour bien sentir le lait de coco et les agrumes.

Pour 2 personnes ***(voir note)*** | **Préparation** 15 min | **Cuisson** 5 min | **Total** 15 minutes

AMANDES

Gnocchettis au seigle, crème au citron confit, broccolini, chorizo & amandes 95

Biscottis extra-chocolatés aux amandes, aux noisettes et à la fleur de sel fumée 167

ANETH

Rillettes aux 2 saumons, pastis & herbes 31

Passion œufs mayo 36

Asperges, beurre noisette à l'orange, croûtons, feta & herbes 52

Œufs à la turque, yaourt à l'ail & beurre à l'orange et aux épices 108

Salade de pommes de terre aux herbes, radis & pickles, sans mayonnaise ! 131

ASPERGES

Asperges, beurre noisette à l'orange, croûtons, feta & herbes 52

AUBERGINE

Pasta à la vodka, aubergines confites, harissa & pignon 101

Aubergines marinées et panées au sésame, boulgour vert, feta, pickles & grenade 126

Curry multilégumes, pois chiches & lait de coco 146

AVOCAT

« Crunchy » guacamole 16

Salade agrumes, avocat, menthe, feta & pistaches caramélisées 51

Tacos au saumon tandoori avec Sanjee, chutney coco & coriandre 142

Chili con carne, bacon & toppings 145

BACON

Deux poireaux vinaigrette 40

Mes sandwichs au BBQ, *love story* d'été 132

Chili con carne, bacon & toppings 145

BASILIC

Minestrone de ma maman, gremolata basilic & noix 49

Pâtes aux tomates cerises confites & miettes citronnées 82

Comme une fausse bolo, champignons, noix & miso 90

Salade de pâtes aux courgettes crues, basilic, noisettes & parmesan 123

BEURRE

Pici maison et sauce tomate au beurre et à l'oignon 89

Les gnocchis bicolores de Julia, fèves, courgettes, petits pois & beurre de sauge 102

Œufs à la turque, yaourt à l'ail & beurre à l'orange et aux épices 108

Carrot cake à l'orange confite, granola, glaçage au beurre noisette 177

BŒUF

Bolo épicée au bœuf et à la saucisse, vin blanc et lait 64

Bœuf bourguignon de mon papa & polenta aux agrumes 75

Boulettes de viande aux raisins et aux épices, sauce tomate confite et relevée, feta & herbes fraîches 137

Chili con carne, bacon & toppings 145

BRIOCHE

Roulés briochés à la cannelle et glaçage corsé au café 191

Brioche perdue au lait de coco agrumes vanillés 195

BROCOLI

Gnocchettis au seigle, crème au citron confit, broccolini, chorizo & amandes 95

Curry multilégumes, pois chiches & lait de coco 146

BURRATA

Burrata party ! 55

CACAHUÈTES

Soupe potimarron, coco et gremola-thaïe 44

Brownie extrachoco et caramel maison au beurre de cacahuètes 182

CAFÉ

Tiramisu aux zestes d'oranges, comme un Pim's® 161

Brownie extrachoco et caramel maison au beurre de cacahuètes 182

Roulés briochés à la cannelle et glaçage corsé au café 191

CANNELLE

Boulettes de viande aux raisins et aux épices, sauce tomate confite et relevée, feta & herbes fraîches 137

Chili con carne, bacon & toppings 145

Chaussons poire & cardamome, caramel aux épices 175

Granola addictif au thé chaï 189

Roulés briochés à la cannelle et glaçage corsé au café 191

CARAMEL

Crème caramel au laurier et à l'orange 155

Crumble tatin, noix de pécan, crème crue & fève tonka 158

Tarte rustique aux pommes, noisettes, sésame & caramel au miso 162

Chaussons poire & cardamome, caramel aux épices 175

Brownie extrachoco et caramel maison au beurre de cacahuètes 182

CAROTTE

Minestrone de ma maman, gremolata basilic & noix 49

Bolo épicée au bœuf et à la saucisse, vin blanc et lait 64

Bœuf bourguignon de mon papa & polenta aux agrumes 75

Comme une fausse bolo, champignons, noix & miso 90

CÉBETTES

« Crunchy » guacamole 16

Rillettes aux 2 saumons, pastis & herbes 31

3 façons de twister un chèvre frais 33

Burrata party ! 55

Aubergines marinées et panées au sésame, boulgour vert, feta, pickles & grenade 126

Salade de pommes de terre aux herbes, radis & pickles, sans mayonnaise ! 131

Boulettes de viande aux raisins et aux épices, sauce tomate confite et relevée, feta & herbes fraîches 137

CHAMPIGNON

Comme une fausse bolo, champignons, noix & miso 90

CHIA

Pudding de chia au lait de coco, fraises rôties & citron vert 187

CHOCOLAT

La tarte de maman, poires & chocolat 153

Biscottis extra-chocolatés aux amandes, aux noisettes et à la fleur de sel fumée 167

Cookies à la pâte de sésame noir & chocolat, nos préférés avec *Sarah* ! 170

Bownie extrachoco et caramel maison au beurre de cacahuètes 182

CHORIZO

Burrata party ! 55

Gnocchettis au seigle, crème au citron confit, broccolini, chorizo & amandes 95

CHOUX

Le dimanche et l'odeur de saucisse 67

Pesto très vert au chou toscan, miettes citron/noisettes & straciatella 85

CITRON

Houmous aux haricots blancs, ail rôti et citron confit 23

Salade agrumes, avocat, menthe, feta & pistaches caramélisées 51

Risotto à la butternut, gremolata sauge, citron, noisettes & chips de jambon cru 70

Bœuf bourguignon de mon papa & polenta aux agrumes 75

Pâtes aux tomates cerises confites & miettes citronnées 82

Pesto très vert au chou toscan, miettes citron/noisettes & straciatella 85

Pasta limone, miettes menthe & pignons 96

Gnocchettis au seigle, crème au citron confit, broccclini, chorizo & amandes 95

Courgettes crues, haricots blancs, menthe, citron & parmesan 111

Salade de pâtes aux courgettes crues, basilic, noisettes & parmesan 123

Tacos au saumon tandoori avec Sanjee, chutney coco & coriandre 142

Cake au citron & au thé Earl Grey 179

COMTÉ

Endives, poires, noisettes & comté 47

Minestrone de ma maman, gremolata basilic & noix 49

Endives au jambon, à la fève tonka 63

« À table en 10 minutes » mouillettes XXL familiales & oeufs à la coque 117

CORIANDRE

« Crunchy » guacamole 16

Passion œufs mayo 36

Focus sur les herbes ! 38

Deux poireaux vinaigrette 40

Soupe potimarron, coco et gremola-thaïe 44

Shakshuka aux pois chiches, topping addictif aux épices 107

Aubergines marinées et panées au sésame, boulgour vert, feta, pickles & grenade 126

Tacos au saumon tandoori avec Sanjee, chutney coco & coriandre 142

Chili con carne, bacon & toppings 145

Curry multilégumes, pois chiches & lait de coco 146

COURGETTE

Minestrone de ma maman, gremolata basilic & noix 49

Les gnocchis bicolores de Julia, fèves, courgettes, petits pois & beurre de sauge 102

Courgettes crues, haricots blancs, menthe, citron & parmesan 111

Salade de pâtes aux courgettes crues, basilic, noisettes & parmesan 123

Curry multilégumes, pois chiches & lait de coco 146

CRÈME

Bœuf bourguignon de mon papa & polenta aux agrumes 75

Gnocchettis au seigle, crème au citron confit, broccolini, chorizo & amandes 95

Pasta à la vodka, aubergines confites, harissa & pignon 101

La tarte de maman, poires & chocolat 153

Crème caramel au laurier et à l'orange 155

Panna cotta à la fleur d'oranger & rhubarbe rôtie 157

Crumble tatin, noix de pécan, crème crue & fève tonka 158

Tarte rustique aux pommes, noisettes, sésame & caramel au miso 162

Cake au citron & Earl Grey 179

Brownie extrachoco et caramel maison au beurre de cacahuètes 182

ENDIVES

Endives, poires, noisettes & comté 47

Endives au jambon, à la fève tonka 63

ÉPINARDS

Pesto très vert au chou toscan, miettes citron/noisettes & straciatella 85

Les gnocchis bicolores de Julia, fèves, courgettes, petits pois & beurre de sauge 102

Pancakes épinards et feta, mesclun & gremolata 112

ESTRAGON

Passion œufs mayo 36

Focus sur les herbes ! 38

Deux poireaux vinaigrette 40

FETA

Feta marinée ! 2 salles — 2 ambiances 29

Salade agrumes, avocat, menthe, feta & pistaches caramélisées 51

Asperges, beurre noisette à l'orange, croûtons, feta & herbes 52

Pancakes épinards et feta, mesclun & gremolata 112

Aubergines marinées et panées au sésame, boulgour vert, feta, pickles & grenade 126

Mes sandwichs au BBQ, *love story* d'été 132

Boulettes de viande aux raisins et aux épices, sauce tomate confite et relevée, feta & herbes fraîches 137

INDEX

FÈVES

Les gnocchis bicolores de Julia, fèves, courgettes, petits pois & beurre de sauge 102

FÈVE TONKA

Endives au jambon, à la fève tonka 63

Crumble tatin, noix de pécan, crème crue & fève tonka 158

FLEUR D'ORANGER

Panna cotta à la fleur d'oranger & rhubarbe rôtie 157

Les crêpes de mon mec, moitié-rhum, moitié lait 169

FRAISES

Pudding de chia au lait de coco, fraises rôties & citron vert 187

HARICOTS

Houmous aux haricots blancs, ail rôti et citron confit 23

Minestrone de ma maman, gremolata basilic & noix 49

Chili con carne, bacon & toppings 145

JAMBON

Endives au jambon, à la fève tonka 63

LAIT DE COCO

Curry multilégumes, pois chiches & lait de coco 146

Pudding de chia au lait de coco, fraises rôties & citron vert 187

Brioche perdue au lait de coco, agrumes vanillés 195

MAYONNAISE

Passion œufs mayo 36

MENTHE

Soupe potimarron, coco et gremola-thaïe 44

Salade agrumes, avocat, menthe, feta & pistaches caramélisées 51

Asperges, beurre noisette à l'orange, croûtons, feta & herbes 52

BURRATA PARTY ! 55

Pasta limone, miettes menthe & pignons 96

Courgettes crues, haricots blancs, menthe, citron & parmesan 111

Aubergines marinées et panées au sésame, boulgour vert, feta, pickles & grenade 126

Mes sandwichs au BBQ, *love story* d'été 132

Boulettes de viande aux raisins et aux épices, sauce tomate confite et relevée, feta & herbes fraîches 137

MISO

Comme une fausse bolo, champignons, noix & miso 90

Aubergines marinées et panées au sésame, boulgour vert, feta, pickles & grenade 126

Tarte rustique aux pommes, noisettes, sésame & caramel au miso 162

NECTARINES

Tomates, nectarines, burrata & dukkah 43

Mes sandwichs au BBQ, *love story* d'été 132

NOISETTES

3 façons de twister un chèvre frais 33

Passion œufs mayo 36

Tomates, nectarines, burrata & dukkah 43

Endives, poires, noisettes & comté 47

BURRATA PARTY ! 55

Risotto à la butternut, gremolata sauge, citron, noisettes & chips de jambon cru 70

Pesto très vert au chou toscan, miettes citron/noisettes & straciatella 85

Salade de pâtes aux courgettes crues, basilic, noisettes & parmesan 123

Tarte rustique aux pommes, noisettes, sésame & caramel au miso 162

Biscottis extra-chocolatés aux amandes, aux noisettes et à la fleur de sel fumée 167

Granola addictif au thé chaï 189

ŒUFS

Passion œufs mayo 36

Œufs à la turque, yaourt à l'ail & beurre à l'orange et aux épices 108

Pancakes épinards et feta, mesclun & gremolata 112

« À table en 10 minutes » mouillettes XXL familiales & oeufs à la coque 117

La panure c'est la vie ! 5 variantes adorées des petits et des grands 118

Crème caramel au laurier et à l'orange 155

Tiramisu aux zestes d'oranges, comme un Pim's® 161

Les crêpes de mon mec, moitié-rhum, moitié-lait 169

Brioche perdue au lait de coco, agrumes vanillés 195

OIGNONS

Pici maison, sauce tomate au beurre et à l'oignon 89

Pickles, miettes & beurres ! 114

Aubergines marinées et panées au sésame, boulgour vert, feta, pickles & grenade 126

Salade de pommes de terre aux herbes, radis & pickles, sans mayonnaise ! 131

OLIVES

3 façons de twister un chèvre frais 33

Ciabatta maison aux olives 33

ORANGE

Feta marinée ! 2 salles — 2 ambiances 29

3 façons de twister un chèvre frais 33

Salade agrumes, avocat, menthe, feta & pistaches caramélisées 51

Asperges, beurre noisette à l'orange, croûtons, feta & herbes 52

Bœuf bourguignon de mon papa & polenta aux agrumes 75

Œufs à la turque, yaourt à l'ail & beurre à l'orange et aux épices 108

Crème caramel au laurier et à l'orange 155

Tiramisu aux zestes d'oranges, comme un Pim's® 161

Carrot cake à l'orange confite, granola & glaçage au beurre noisette 176

Brioche perdue au lait de coco, agrumes vanillés 195

POIRES

Endives, poires, noisettes & comté 47

La tarte de maman, poires & chocolat 153

Chaussons poire & cardamome, caramel aux épices 175

POIS CHICHES

Shakshuka aux pois chiches, topping addictif aux épices 107

Curry multilégumes, pois chiches & lait de coco 146

POIVRONS

3 façons de twister un chèvre frais 33

Chili con carne, bacon & toppings 145

Curry multilégumes, pois chiches & lait de coco 146

POMME

Crumble tatin, noix de pécan, crème crue & fève tonka 158

Tarte rustique aux pommes, noisettes, sésame & caramel au miso 162

POMME DE TERRE

Poulet rôti et entièrement pané, potatoes aux épices 76

Salade de pommes de terre aux herbes, radis & pickles, sans mayonnaise ! 131

POULET

Poulet rôti et entièrement pané, potatoes aux épices 76

1 poulet = des restes ! 78

RHUBARBE

Panna cotta à la fleur d'oranger & rhubarbe rôtie 157

RHUM

Les crêpes de mon mec, moitié-rhum, moitié-lait 169

RICOTTA

Tarte aux tomates, ricotta fouettée au zaatar 141

RIZ

Risotto à la butternut, gremolata sauge, citron, noisettes & chips de jambon cru 70

Curry multilégumes, pois chiches & lait de coco 146

SAUCISSE

Les feuilletés saucisse / sauge / savora de Catherine 19

Bolo épicée au bœuf et à la saucisse, vin blanc et lait 64

La saucisse, c'est la vie ! 68

Mes sandwichs au BBQ, *love story* d'été 132

SAUMON

Rillettes aux 2 saumons, pastis & herbes 31

SAUGE

Les feuilletés saucisse / sauge / savora de Catherine 19

Risotto à la butternut, gremolata sauge, citron, noisettes & chips de jambon cru 70

Les gnocchis bicolores de Julia, fèves, courgettes, petits pois & beurre de sauge 102

SÉSAME

Shakshuka aux pois chiches, topping addictif aux épices 107

La panure c'est la vie ! 5 variantes adorées des petits et des grands 118

Aubergines marinées et panées au sésame, boulgour vert, feta, pickles & grenade 126

Tarte aux tomates, ricotta fouettée au zaatar 141

TAHINI

Vinaigrettes ! 124

TOMATES

Tomates, nectarines, burrata & dukkah 43

Pâtes aux tomates cerises confites & miettes citronnées 82

Tarte aux tomates, ricotta fouettée au zaatar 141

VANILLE

Vinaigrettes ! 124

Panna cotta à la fleur d'oranger & rhubarbe rôtie 157

Les crêpes de mon mec, moitié-rhum, moitié-lait 169

Cookies à la pâte de sésame noir & chocolat, nos préférés avec *Sarah !* 170

Cake au citron & Earl Grey 179

Pudding de chia au lait de coco, fraises rôties & citron vert 187

Brioche perdue au lait de coco, agrumes vanillés 195

YAOURT

Rillettes aux 2 saumons, pastis & herbes 31

La saucisse, c'est la vie ! 68

Poulet rôti et entièrement pané, potatoes aux épices 76

Courgettes crues, haricots blancs, menthe, citron & parmesan 111

Œufs à la turque, yaourt à l'ail & beurre à l'orange et aux épices 108

Mes sandwichs au BBQ, *love story* d'été 132

Tacos au saumon tandoori avec Sanjee, chutney coco & coriandre 142

Pudding de chia au lait de coco fraises rôties & citron vert 187

ZAATAR

Focus sur les pestos ! 98

Vinaigrettes ! 124

Tarte aux tomates, ricotta fouettée au zaatar 141

DES ADRESSES PARMI D'AUTRES

PARIS & PANTIN

Faire ses courses

Mes épiceries d'ailleurs

Nomie Épices
Mes fournisseurs officiels
Vous pouvez acheter leurs épices sur leur site **nomie-epices.fr**

Istanbul Oriental
74 rue Marx Dormoy, 75018 Paris

RAP Épicerie Italienne
4 rue Fléchier, 75009 Paris

Paris Store
8-10 rue de l'Évangile, 75018 Paris

Supermarché Istanbul
103 rue Jean Lolive, 93500 Pantin

Mes commerces favoris

Fromagerie La Pantinoise
34 rue Hoche, 93500 Pantin

Canons - Caviste
5 Mail Hélène Brion, 93500 Pantin

Miyam, les nouveaux super-marchés
45 rue Hoche, 93500 Pantin
Et leurs différentes boutiques dans Paris

Fromagerie Taka & Vermo
61 *bis* rue du Faubourg Saint Denis

Terroirs d'avenir
Rue du nil, 75002 Paris
Et leurs différentes boutiques dans Paris

Le Zingam
75 rue du Chemin Vert, 75011 Paris
Et leurs différentes boutiques dans Paris

PARIS & PANTIN

Manger et boire !

Liste non exhaustive :)
Il y en a tellement, je ne peux pas toutes les lister ici ! Retrouvez-en d'autres sur le blog, à Paris et ailleurs !

Holybelly 5 + Holybelly 19
5 et 19 rue Lucien Sampaix, 75010 Paris

Les Arlots
136 rue du faubourg Poissonnière, 75010 Paris

Hakata Choten *(ramen)*
53 rue des Petits Champs, 75001 Paris

Folderol *(glaces + vins !)*
10 rue du Grand Prieuré, 75011 Paris

Breizh Café
109 rue Vieille du Temple, 75003 Paris
+ d'autres adresses à Paris et ailleurs

Brasserie Gallia
35 rue Méhul, 93500 Pantin

Adar
49 Passage des Panoramas, 75002 Paris

Mokonuts
5 rue Saint Bernard, 75011 Paris

Bob's Bake Shop
Esplanade Nathalie Sarraute, 75018 Paris

Frenchie + Frenchie Bar à vins
Rue du Nil, 75002 Paris

AILLEURS

Oiseau Oiseau
5 place Saint-Germain
61340 Perche-en-Nocé

Bistrot des Écuries
La Grande Maison,
61110 Cour-Maugis-sur-Huisne

Crêperie La Gavotte
41 Rue Saint-Georges, 35000 Rennes

Manteca
49-51 curtain road, Londres

Pour d'autres adresses, retrouvez-en sur www.theflyingflour.com !
D'autres à venir !

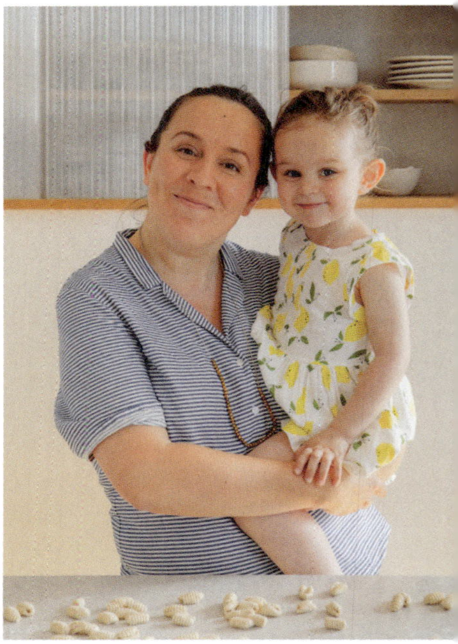

MERCI !

ÉVIDEMMENT, MERCI À CEUX QUI ONT TOUJOURS FAIM !

Ce livre ne serait pas ce qu'il est sans mes parents *(et le reste de la famille)* qui m'ont enseigné le goût des bonnes choses depuis toute petite, dans l'assiette, mais aussi dans le(s) verre(s) :) !

Merci à mes partenaires de cuisine au quotidien : Alix d'être aussi curieuse de tout ce qui se cuisine et se mange et Bertrand pour l'enthousiasme et l'accueil réservé à tous mes plats depuis 7 ans, tout le soutien pendant que je faisais ce livre... et aussi pour la vaisselle :) !

À Adrienne, sans qui le titre de ce livre n'aurait pas la même saveur. FAIM! Et SOIF! échangés au quotidien ! Ma partenaire de pasta déglingue, de bouffe world et d'apéro *numéro UNO* et bien plus... **Sans oublier Dimitri & Louis (& Simon)** pour avoir fait du Perche ma deuxième maison, ce concept de la déglingue gourmande tous ensemble, et pour nous avoir accueilli avec Virginie pour shooter quelques recettes.

Ceux avec qui j'ai pris et prends toujours plaisir à cuisiner :
Sarah, Julia, Sanjee & Marion Degeorges — *à qui je dédie toute la Burrata Party, merci pour ton aide sur ce chapitre aux petits oignons...nouveaux* !
Et tous les autres qui se reconnaîtront ! Si vous avez cuisiné avec moi, vous êtes visés :)

Un grand grand merci à **Virginie**, photographe de talent et pas que... qui a su capturer toute l'énergie gourmande de ce livre, avec des séances de shooting dans la bonne humeur constamment ponctuées de blagues. **Merci pour cette aventure avec toi, vivement les prochaines !**

Merci à **Marie-Lou de chez Nomie Épices** pour son soutien et toutes les épices qui m'ont permis de faire ce livre, qui n'aurait clairement pas la même saveur sans.

Merci à tous ceux qui ont participé à FAIM !
Ceux qui m'ont soutenu ceux qui m'ont supporté.
Aurélie et Chloé pour votre accompagnement tout au long de ce projet.
Mylène pour ta vision du projet, ton talent, ton aide et ta rapidité, qui m'ont énormément soulagé par rapport à la maquette !
Axelle et Chloé, *wonder-assistantes,* merci pour votre aide et votre bonne humeur sur les shootings et pour avoir mangé tout ce qui a été cuisiné.

Les chats **Odette & Simon** et toutes les personnes qui ont fait de ce livre ce qu'il est. Je ne peux pas lister tout le monde, mais le cœur y est. Un dernier merci à cet arbre percheron parfait qui aura abrité de longues séances de travail :)

À MAMIE DÉDÉ ET MAMIE GIVORS,
MES PARENTS ET SURTOUT MA FILLE ALIX
AVEC QUI J'ESPÈRE PARTAGER CES BONNES
CHOSES PENDANT ENCORE LONGTEMPS

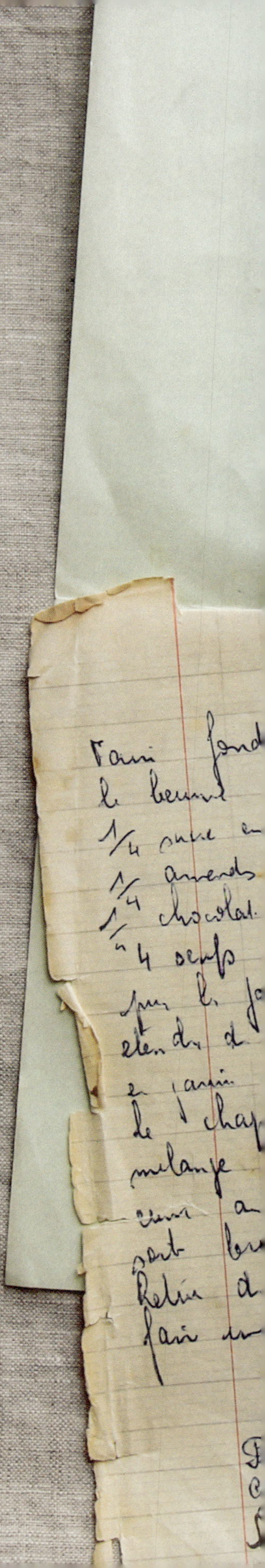

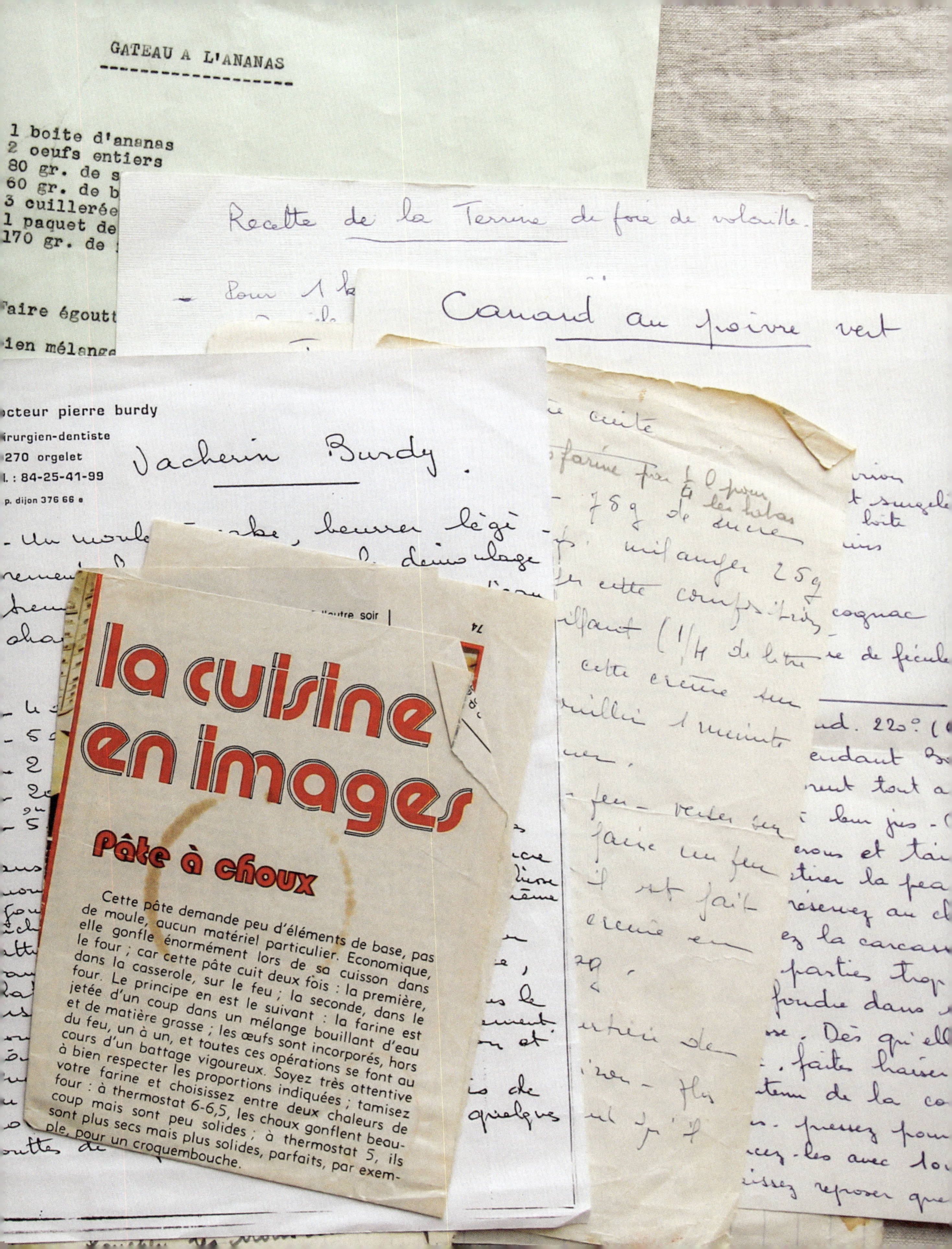
GATEAU A L'ANANAS
1 boite d'ananas
2 oeufs entiers
Recette de la Terrine de foie de volaille
Canard au poivre vert
Vacherin Burdy.
la cuisine en images
pâte à choux
Cette pâte demande peu d'éléments de base, pas de moule, aucun matériel particulier. Economique, elle gonfle énormément lors de sa cuisson dans le four ; car cette pâte cuit deux fois : la première, dans la casserole, sur le feu ; la seconde, dans le four. Le principe en est le suivant : la farine est jetée d'un coup dans un mélange bouillant d'eau et de matière grasse ; les œufs sont incorporés, hors du feu, un à un, et toutes ces opérations se font au cours d'un battage vigoureux. Soyez très attentive à bien respecter les proportions indiquées ; tamisez votre farine et choisissez entre deux chaleurs de four : à thermostat 6-6,5, les choux gonflent beaucoup mais sont peu solides ; à thermostat 5, ils sont plus secs mais plus solides, parfaits, par exemple, pour un croquembouche.

Textes, recettes et stylisme : Marion Chibrard

Photos : Virginie Garnier

Direction : Guillaume Pô

Direction éditoriale : Tatiana Delesalle

Édition : Aurélie Cazenave

Direction artistique : Marion Chibrard, Chloé Eve et Hugo Ribeiro

Mise en page : Marion Chibrard

Direction de fabrication : Thierry Dubus

Suivi de fabrication : Florence Bellot

Numéro d'édition : M22198

ISBN : 9782317030871

Code MDS : MN30871

Achevé d'imprimer en septembre 2022 par GPS, Slovénie

Ce livre s'inscrit dans une démarche écoresponsable. Il est imprimé sur du papier FSC® issu de forêts gérées durablement. Cette certification garantit une empreinte carbone réduite et une gestion raisonnée de la forêt, qui maintient la biodiversité et protège les écosystèmes. Il est imprimé avec des encres végétales, c'est-à-dire fabriquées uniquement à partir de matières premières renouvelables et sans huiles minérales. Il a été imaginé et conçu en France et imprimé en Europe.

Dépôt légal : octobre 2022

www.mangoeditions.com

FSC www.fsc.org MIXTE Papier | Pour une gestion forestière responsable FSC® C118234